DER WILDE WESTEN

G. Schomaekers

DER WILDE WESTEN

Verlag Welsermühl

Umschlagbild: »A dash for timber« von Frederic Remington.

Vorsatz: Indianer-Krieger zur Zeit der Schlacht am Wabash River vom 4. 11. 1791. Dieser ist mit einer britischen Shortland-Muskete sowie mit einem Tomahawk bewaffnet und trägt ein mit Fransen verziertes Hemd.
Aktiver Soldat des 2. US-Infanterie-Regimentes ebenfalls zur Zeit der Schlacht am Wabash River. Er ist mit einer französischen Charleville-Muskete mit Steckbajonett bewaffnet.

Frontispiz: Zwei schwerbewaffnete Kutscher des Postkutschenunternehmens Wells Fargo.

Copyright © 1977 by Verlag Welsermühl, Wels–München.
Alle Rechte, insbesondere die des auszugsweisen Nachdrucks und des Vortrags, vorbehalten.
Copyright © 1974, Unieboek BV, Bussum, Niederlande, unter dem Titel:
»Het Woeste – Wilde Westen«.
Umschlag: Chris de Goede.
Layout: Peter Koch.
Gesamtherstellung: Druck- und Verlagsanstalt Welsermühl, Wels/Austria.
ISBN 3-85339-143-5

Inhalt

In Dankbarkeit
für Hiltrud

Eine Fotodokumentation,
zusammengestellt von
G. SCHOMAEKERS

Ein Wort zuvor

An Büchern über den Wilden Westen herrscht sicher kein Mangel, doch gibt es keine Gesamtdarstellung der Besiedlung des Westens der USA, den damit zusammenhängenden Auseinandersetzungen mit den Indianern, ebensowenig wie über das Aufkommen der Trapper, Goldgräber, Cowboys, Sheriffs und Outlaws.

In dem vorliegenden Bildband soll versucht werden, den Gesamtkomplex des Wilden Westens zu erfassen: Von der ersten englischen Siedlung bis zur Erschließung der Prärie und der endgültigen Unterwerfung der Indianer. Trotzdem ist es nicht möglich, über jedes Ereignis und jede Person zu berichten, denn das vorliegende Bildmaterial ist so ungeheuer reichhaltig, daß man allein hiermit viele umfangreiche Bände füllen könnte. Diese Bilddokumentation kann und soll daher nur ein Querschnitt durch das Geschehen sein.

Was war eigentlich der Wilde Westen? Als die ersten Siedler ihren Fuß auf den neuen Kontinent setzten, reichte der undurchdringliche Wald bis nahezu an den Atlantik heran. Er flößte ihnen mit seinen Bewohnern, den Indianern, Furcht ein. Im und hinter dem Wald lag die Wildnis, eben der »wilde Westen«. Im Laufe der folgenden Jahrzehnte drangen die Siedler in erbarmungslosen Kämpfen mit den Indianern, aber auch gegen die Unbilden der Natur, ständig weiter westwärts vor, bis man den Missouri-Mississippi erreicht hatte, und nur noch die Indianer auf dem linken Flußufer schließlich als letzte Barriere zu überwinden waren. Sie und die Prärie galt es jetzt zu bezwingen. Mit der Erschließung der Prärie und dem Todeskampf der Indianer, der Entstehung des Cattle Trade und des Cowboys sowie dem Aufkommen der Outlaws, verbinden wir unsere Vorstellung vom Wilden Westen. Allerdings unterliegen wir hierbei den Einflüssen von Film und Fernsehen. Doch nicht nur in der Prärie und in den Cowboy-Städten herrschten angeblich wilde Sitten und Gebräuche, sondern bereits seit den ersten Jahren der Besiedlung. An der Grenze, weit im Westen, galten naturgemäß andere Gesetze als im weit zurückliegenden Osten. Die Indianer bedrohten von Anbeginn die Niederlassungen der Weißen. Bereits aus dieser ersten Zeit stimmt unser Bild vom »wilden und grausamen Indianer« nicht, ebenso nicht das des edlen Roten. Beide Seiten unterlagen Mißverständnissen. Die Indianer verstanden nicht, daß die Weißen die mit ihnen abgeschlossenen Verträge über Landabtretung jeweils immer nur kurze Zeit einhielten; sie ahnten nicht, daß ständig neue Einwanderer über das Meer ins Land kamen und der Bevölkerungsdruck sowie wirtschaftliche Notwendigkeiten den Zwang nach immer wieder neuem Grund und Boden im Westen auslösten. So brachen die Pioniere und Siedler die »auf immer und ewig« abgeschlossenen Abmachungen. Es war daher ganz natürlich, daß sich die Ureinwohner Nordamerikas über die Treulosigkeit der Weißen entrüsteten und sich verzweifelt gegen deren Vordringen wehrten. Viele Weiße waren zudem der Meinung, daß die Indianer ihr Land zu verlassen hätten, einfach deshalb, weil sie anders als die weiße Rasse waren. So geschahen auf beiden Seiten Grausamkeiten und Ungerechtigkeiten. Außerdem vertraten die meisten Weißen die Auffassung, daß man »Wilde« auch wie Wilde behandeln müsse.

Der Kampf und die Besiedlung Amerikas vom Atlantik bis zum Pazifik prägten den amerikanischen Charakter und nicht zuletzt auch die amerikanische Demokratie. Frederic Jackson Turner schreibt hierzu zutreffend in seinem Buch »The frontier in American history«:

»Die amerikanische Demokratie ist nicht aus dem Traum eines Theoretikers entstanden. Sie wurde we-

der von der ›Sarah Constant‹ nach Virginia noch von der ›Mayflower‹ nach Plymouth gebracht. Sie kam vielmehr aus dem amerikanischen Urwald. Und sie erhielt jedesmal erneut Kraft, wenn sie eine neue Grenze erreichte. Nicht die Verfassung, sondern das freie Land und ein Übermaß an natürlichen Schätzen, die sich einem fähigen Volk offen darboten, schufen den demokratischen Typus der amerikanischen Gesellschaft in drei Jahrhunderten, in denen sie den Kontinent eroberte.«

An dieser Stelle möchte ich besonders folgenden Personen und Stellen danken, die mich bei meiner Arbeit unterstützt haben:

Die Amerika-Häuser in Hannover und Köln; Amon Carter Museum of Western Art, Fort Worth, Texas; Mrs. Frances M. Gupton; Department of the Army, Office of the Chief of Military History, Washington; Colonel Robert H. Fechtman; Thomas Gilcrease Institute of American History and Art, Tulsa, Oklahoma; Mr. David C. Hunt; Dr. Horst Hartmann; Museum für Völkerkunde, Berlin; Joslyn Art Museum, Omaha, Nebraska; Miss Mildred Goosman; The Library of Congress, Washington; Mr. Jerry Kearns; Gerd Möllhausen, Bleicherode; Montana Historical Society; Mrs. Harriett C. Meloy; The Museum of Fine Arts, Houston, Texas; Mr. Paul Hester; National Archives and Records Service, Washington; Oregon Historical Society, Portland; Barbara Friedman; Preston Smith, Governor of Texas, Austin; Stadtbücherei Gütersloh; Texas State Library, Austin, Texas; Mr. Stanley Parr; Union Pacific Railroad Company, Department of Public Relations, Omaha, Nebraska; US-Department of Transportation, Washington; The Walters Art Gallery, Baltimore, Maryland; Miss Mary S. McLanahan; Wells Fargo Bank History Room, San Francisco, California; Mrs. Irene S. Neasham.

Besonderen Dank schulde ich Herrn Bodo Herzog, Oberhausen, der den Anstoß zu dieser Arbeit gegeben hat, und Mr. James H. Davis von der Denver Public Library, Western History Department, der wesentliche Hilfe bei der Beschaffung des Bildmaterials leistete.

Zum Schluß, aber doch nicht zuletzt, gebührt der größte Dank meiner Frau Hiltrud. Ohne ihre ständige und geduldige Mitarbeit und Kritik wäre das Buch nicht in der vorliegenden Form zustande gekommen. Nicht vergessen darf der Autor seinen Sohn Rolf, der mitgeholfen und mit Spannung und Interesse den Bildband über die Indianer und Cowboys erwartet hat.

Gütersloh, im Sommer 1977   Günter Schomaekers

Die Welt der Indianer

ach unserem Empfinden sind die Indianer verhältnismäßig spät nach Amerika gekommen. Vorsichtige Schätzungen sprechen davon, daß sie vor ungefähr 30 000 oder 20 000 Jahren über die Beringstraße und Alaska in mehreren Wellen eingewandert sind. Die Indianer sind wohl asiatischer Abstammung, aber doch keine Mongolen, wie man ursprünglich angenommen hatte. Es ist erwiesen, daß es vor der Einwanderung der Indianer keine Menschen auf diesem Erdteil gegeben hat.

Ihre Sitten und Gebräuche in der Zeit nach der Entdeckung durch Kolumbus sind wesentlich anders, als wir es uns vorstellen, zumal viele Bücher den Eindruck erwecken, als ob die Indianer ausschließlich in Zelten, den sogenannten Tipis, gewohnt und alle den uns bekannten prachtvollen Federschmuck getragen hätten. Hier muß gesagt werden, daß es keinen typischen Indianer gibt und gegeben hat. Ihre Unterschiede sind von Stamm zu Stamm außerordentlich verschieden. Unser Bild des nordamerikanischen Indianers ist vor allem durch die Prärie-Indianer bestimmt worden. Diese wohnten in den uns bekannten Zelten, die aus Büffelfellen zusammengenäht waren und an der Spitze eine Rauchklappe hatten. Die Algonkin im Osten der USA bewohnten dagegen die sogenannten Wigwams, kuppelartige Hütten, die sie aus einem Holzgestell, mit Baumrinde bedeckt, zusammensetzten. Es gab aber auch Langhäuser unter den Irokesen, deren Wände aus Rinde oder Matten bestanden. Die Apachen wiederum lebten in mit Gras bedeckten Hütten. Die Seminolen in Florida wohnten in Pfahlbauten, während die Pueblo-Indianer großartige Wohnbauten errichteten. Diese waren durch Terrassen und eine stufenförmige Bauweise so angelegt, daß sich Haus auf Haus türmte. Uns nahezu unbekannt sind die prächtigen Holzhäuser der Nordwestindianer. Interessant waren bei diesen Häusern die ziemlich hohen Wappenpfähle mit einer reichhaltigen Schnitzerei (Totempfähle).

Waren die Indianer eigentlich so kriegerisch, wie es heute noch beschrieben wird? Die Kämpfe zwischen Weißen und Indianern verliefen durchaus blutig und grausam, aber »totale Kriege« untereinander kannten die Bewohner des nordamerikanischen Kontinents nicht. Natürlich darf man dies nicht verallgemeinern und den Indianer als ausschließlich friedfertig ansehen. Auch hier waren die Verhältnisse von Stamm zu Stamm völlig unterschiedlich. So hatten z. B. die Irokesen lange vor der Ankunft von Kolumbus versucht, ein großes indianisches Reich aufzubauen, wobei sie nicht gerade freundlich mit ihren Artgenossen umgingen. Es verdient jedoch festgehalten zu werden, daß die Indianer keine Vernichtungskriege kannten. Diese Form der Kriegführung brachten erst die Weißen nach Amerika, um sie dort im Kampf gegen die rote Rasse zu praktizieren. Die Indianer führten kurze überraschende Überfälle durch und brachten größtenteils ihre Gefangenen mit ins Dorf. Diese wurden nicht nur am Marterpfahl einem qualvollen Tod entgegengeführt, sondern auch oft in den eigenen Stamm aufgenommen. Leider muß man sagen, daß die Indianer einen Großteil der so oft beschriebenen Grausamkeiten von den Europäern gelernt hatten, die teilweise noch schlimmer wüteten. Vergessen darf man nicht, daß die Indianer noch im Steinzeitalter lebten und nicht die Welt des weißen Mannes verstanden, der seinerseits wiederum sich überhaupt keine Mühe gab, die Welt des Indianers zu verstehen.

An Waffen verfügte der rote Mann über Bogen und Pfeil, sogar auch über das Blasrohr, die Lanze und natürlich später über das Gewehr, das ihm die Weißen »verkauften«. Die Pfeile hatten meistens eine Befiederung, die sich wiederum von Gebiet zu Gebiet unterschied. Bogen und Pfeil waren in den Händen

des Indianers eine gefürchtete Waffe, zumal der Pfeil eine erstaunliche Durchschlagskraft besaß. Keulen spielten ebenfalls eine wichtige Rolle, vor allen Dingen im Osten und in der Prärie. Lanze oder Speer sowie Schilde kannte man auch. Der Tomahawk ist keine ursprünglich indianische Waffe. Er wurde vielmehr von den Weißen in Form der Stahlaxt eingeführt, da es ein Geschäft war, diese Äxte den Roten zu verkaufen bzw. gegen Felle einzuhandeln. Die Pickelkeule kann man wohl als ein dem Tomahawk ähnliches Wurfgeschoß ansehen.

Die Indianer waren zwar mutig und ausdauernd im Krieg, griffen aber meistens nur in kleineren Gruppen unter gellendem Geschrei und phantasievoller Bemalung an. Erst in der zweiten Hälfte des 19. Jahrhunderts brachten sie während der Kämpfe gegen die US-Armee einige tausend Mann auf die Beine, aber auch hier zeigte es sich wie in den früheren Kämpfen, daß sie die Massentaktik nicht verstanden. Durchschlagende Erfolge erzielten sie nie, sie zogen vielmehr plötzlich wieder vom Kampfplatz ab. Sie waren im wesentlichen bessere Einzelkämpfer als der Weiße und konnten sich ausgezeichnet der Natur und Umgebung anpassen. Hierbei darf nicht ihre hervorragende Fähigkeit im Spuren- oder Fährtenlesen vergessen werden, oder im Verwischen der Spuren. Große Meister auf diesem Gebiet waren die Apachen.

Stellen wir uns den Kopfschmuck der Indianer vor, so ist die weitverbreitete Ansicht, daß alle Indianer den prächtigen Federschmuck tragen, falsch. Als Schutz gegen die Unbilden der Witterung kannte man überhaupt keine Kopfbedeckung. Die ins Haar gesteckte Adlerfeder zeigte die Taten an, die der betreffende Krieger vollbracht hatte. Der Federschmuck, Adlerhaube genannt, war nur denen vorbehalten, die sich auf dem Kriegspfad besonders bewährt hatten. Er wurde daher auch nur bei besonderen Gelegenheiten angelegt. Verständlicherweise ging man ohne den hinderlichen Kopfschmuck in den Kampf. Es gab aber auch Fellmützen. Einige Stämme trugen einen Kamm aus rotgefärbten Schwanzhaaren des Hirsches auf ihrem Kahlkopf. Jedoch auch diese Skalplocke war wie der Krähengürtel keine Auszeichnung, sondern bedeutete vielmehr die Zugehörigkeit zu einem der Männerbünde, die eine große Rolle spielten.

Auf die von Stamm zu Stamm bzw. von Region zu Region so unterschiedliche Kleidung sei hier nur kurz eingegangen. Die Nordwestindianer stellten ihre Bekleidung hauptsächlich aus Zedernbast her, die Pueblo-Indianer dagegen aus gewebten Stoffen. Den Mokassin gab es im Norden, Westen und Osten von Nordamerika. Es handelte sich hier um ein weiches Stück Leder, das man sich um den Fuß legte und dann zusammennähte. Die Prärie-Indianer trennten Oberleder und Sohle. Sie trugen auch Büffelmäntel, die auf der Innenseite wunderbar verziert waren. Daneben kennen wir von diesen Stämmen die berühmten Leggings.

Hatten die Indianer eine Religion? Einen persönlichen Gott gab es nicht. Bekannt ist uns allen das Wort »Manitu« – der große Geist. Dieser Begriff darf jedoch nicht mit »Gott« verwechselt werden. Manitu konnte man nämlich erwerben. Es bezeichnete Eigenschaften, die in der Natur vorhanden waren. Der einzelne mußte also versuchen, in Übereinstimmung mit der Natur zu kommen. Da der rote Mann nicht zwischen Träumen, Visionen und der Wirklichkeit unterschied, hatten für ihn die Erscheinungen im Traum für das Manitu eine große Bedeutung. Erschien ihm im Traum irgendein Gegenstand, so trug er diesen dann bei sich, als seine eigene Medizin, um sich sein Manitu zu erhalten und zu verstärken. Natürlich hatte der Medizinmann Manitu. Er beschwor allerlei Dinge, wie Krankheiten und Regen; Tänze und Masken gehörten zu dem entsprechenden Ritus. Die Friedenspfeife, das Calumet, wurde von den Indianern des Ostens stets in Form von zwei Stäben benutzt und war mit Federn geschmückt. Durch die Zeremonie wollte der Indianer mittels der feierlichen Handlung Freundschaft schließen. Die »Tabakpfeife«, wie wir sie kennen, gab es bei den Sioux.

Die Verschiedenheit der Welt der Indianer drückte sich auch in ihren Sprachen aus. Die einzelnen Stämme verstanden sich auf Grund der Vielzahl der Sprachen nicht und verständigten sich vornehmlich durch eine Zeichensprache, die besonders die Prärie-Indianer vollkommen beherrschten. Dazu gehörten auch Rauchsignale, Feuerzeichen und sogar Blinksignale. Ihre Sprachen zu erlernen ist äußerst schwer, da ihr grammatikalischer Aufbau kompliziert und der Wortschatz verhältnismäßig groß ist.

Große Bedeutung errang der Schweizer Maler Carl Bodmer (1809–1893), der in den Jahren 1832–1834 zusammen mit Maximilian Prinz zu Wied Nordamerika bereiste. Er malte die Indianer ohne romantische Verklärung, vor allen Dingen jedoch ethnologisch richtig. Seine Bilder besitzen für den Indianerfreund und -kenner hohen Wert.

Pehriska-ruhpa, ein Hidatsa-Krieger im Anzug des Hundetanzes. Er gehörte zur Gesellschaft der Hunde, eine sogenannte Indianer-Polizei. Sie hatte vor allen Dingen dafür zu sorgen, daß während der Büffeljagd alles ordnungsgemäß ablief.

Das Innere der Hütte eines Mandan-Häuptlings. Sogar Pferde haben darin ihren Platz gefunden. Besonders zu erwähnen sind auch die vielen Gerätschaften in der Hütte.

Winterlager der Hidatsa.

12

Bison-Tanz der Mandan-Indianer
vor der Medizin-Hütte. Die Indianer
wollten verhindern, daß die Büffel,
die man ausfindig gemacht hatte, wieder verschwanden. Deshalb legten
die Indianer Büffelmasken an und
ahmten tanzend die Bewegungen der
Tiere nach.

Skalptanz der Hidatsa. Bei diesen
Indianern tanzten ihn die Frauen in
Männerbekleidung.

13

*Mató-tópe, ein Mandan-Häuptling, in großem Federschmuck und bemalter Büffel-
robe. Seine Füße stecken in herrlich bunten Mokassins.*

Wak-tea-geli, Dakota-Häuptling.

Kampf der Piegan gegen die Assiniboin- und Cree-Indianer bei Fort McKenzie am 28. 8. 1833.

Lager der Piegan-Indianer am Fort McKenzie.

*Oben: Der Totenkult der Indianer war sehr unterschied-
lich. Hier Assiniboin-Baumgräber.*

Rechts: Dakota-Indianerin und Assiniboin-Mädchen.

*Unten: Indianische Gerätschaften, wie Tabakpfeife, Feder-
haube, ein Schild aus Büffelhaut und eine mit Federn
geschmückte Pfeife.*

Totengerüst eines Sioux-Häuptlings. Später wurden dann die Leichen-überreste beigesetzt. Diese Art der Bestattung sollte auch verhindern, daß die Wölfe die Leichen anfielen und fraßen.

Indianer auf Büffeljagd.

Die ersten Kolonien der Weißen auf nordamerikanischem Boden

Kämpfe mit den Indianern

Die Engländer waren nicht die ersten, die im heutigen Nordamerika Fuß faßten, sondern Spanier, Franzosen, Niederländer und Schweden. Hier genügt jedoch die Beschränkung auf das Gebiet der zukünftigen USA, da auf diesem Gebiet die Besiedlung und Eroberung des Wilden Westens erfolgte: Der Vorstoß von den Urwäldern an der Ostküste bis zum Missouri und schließlich bis zum Pazifik.

Während der Regierungszeit Elizabeth I. rüstete Sir Walter Raleigh im Jahre 1584 eine Expedition nach Nordamerika aus. Hierbei wurde die Roanoke-Insel (North Carolina) entdeckt, und das Land wurde zu Ehren der Königin »Virginia« genannt. Im folgenden Jahr errichtete eine zweite Expedition eine Kolonie auf der Insel, aber die Siedler verließen bald das unwirtliche Gebiet. Als Raleigh's dritte Expedition im Jahre 1587 ungefähr 150 Siedler nach Roanoke brachte, fand man von den Einwohnern des vorhergehenden Jahres keine Spur mehr.

Die dauerhafte Besitznahme des neuen Kontinents nahm schließlich am 14. 5. 1607 ihren Anfang, als drei kleine englische Schiffe unter Christopher Newport in die Hampton Roads segelten. Den dortigen Fluß nannte man zu Ehren des Königs »James-River«. Außerdem gründete man Jamestown, die erste »Stadt« in Nordamerika. Gleich die erste Begegnung mit den Indianern verlief kriegerisch. Die Rothäute zogen sich bald wieder zurück, und nach kurzer Zeit besserten sich die Beziehungen der Weißen zu den Ureinwohnern. Wollte man überleben, mußte man sich zwangsläufig mit den Indianern gutstellen. Captain John Smith erhob sich zum Führer der Ansiedler von Virginia, die während der ersten Jahre furchtbare Not litten. Während eines Streifzuges durch die Urwälder nahmen ihn die Indianer gefangen, wobei Smith den Groß-Sachem Powhatan kennenlernte. Er schloß mit Smith einen Vertrag, in dem festgelegt wurde, daß die Weißen in Zukunft unbehelligt leben können. Außerdem waren sie nun vor dem Hungertod bewahrt. Die Lage der Weißen war zu dieser Zeit bereits äußerst kritisch geworden! Mit der Ankunft von John Rolfe im Jahre 1610 besserten sich langsam die Verhältnisse für Virginia. Er pflanzte und kulivierte den von den Indianern übernommenen Tabak, der in kurzer Zeit die Grundlage für den Reichtum der Kolonie bildete. Bekannt wurde Rolfe durch seine Heirat mit der »Prinzessin« Pocahontas, der Tochter Powhatans. Damit sicherte man sich natürlich noch mehr die Freundschaft des mächtigen Indianers.

Die Ruhe dauerte jedoch nicht lange. Die Indianer spürten schon jetzt den Druck, den die Weißen in ihrem Land auf sie ausübten. Powhatan starb während dieser kritischen Zeit aus unbekannten und ungeklärten Gründen, und seine Nachfolger begannen ohne Zögern den Kampf gegen die Eindringlinge.

Am 22. 3. 1622 eröffneten sie die Feindseligkeiten, und bei ihren wütenden Angriffen töteten sie über 350 Weiße, darunter auch John Rolfe. Der größte Teil der Plantagen fiel den Verwüstungen zum Opfer.

Bereits während des ersten Indianerkrieges machten die Rothäute ihren ersten schweren Fehler, den sie auch in der Zukunft stets wiederholen sollten. Zwar waren die Algonkinstämme, um die es sich handelte, sicherlich ausgezeichnete Krieger, aber wie in den kommenden Jahrzehnten unterschätzte man die Kraft der Einwanderer. Nach indianischer Mentalität hätten sich die Besiegten zurückziehen oder wenigstens um Friedensverhandlungen bitten müssen. Die Weißen dachten aber nicht daran. Sie gingen vielmehr nach der ersten Überraschung selbst zum Gegenangriff über, der schon jetzt jene grausamen Züge annahm, die alle weiteren Indianerkriege bis gegen Ende des 19. Jahrhunderts auszeichnete. Erst nach 1646 hörten die Kämpfe auf, als die Indianerstämme nahezu ausgerottet waren. Das Reich des Powhatan war zerstört. Zurück blieb bei den meisten Weißen das Gefühl, daß die Indianer, wo immer man sie träfe, zu vertreiben wären. Man wollte nie mehr erleben, was man erlebt hatte. Dieses Gefühl sollte von nun an die Einwanderer bis zur endgültigen Vernichtung und Verdrängung der Indianer in die Reservationen beherrschen. Prämien für Indianer-Skalps wurden ausgesetzt. Bekanntlich erzeugt Druck aber auch Gegendruck. Die Ureinwohner wehrten sich durch weitere Überfälle, woraufhin wiederum Strafexpeditionen der Weißen folgten. Es war eine Kette ohne Ende.

Was blieb den Indianern zu tun übrig? Sie verließen ihre angestammten Gebiete und zogen nach Westen. Doch stießen sie nun, da sie nach neuen Jagdgründen suchten, mit den dort bereits wohnenden Stämmen zusammen. Die Tragödie des indianischen Volkes nahm ihren Anfang.

Bekanntlich hatten die Franzosen schon früher auf dem nordamerikanischen Kontinent, besonders in Kanada, am St.-Lorenz-Strom und westlich der englisch besiedelten Ostküste, vor allem aber im Ohio- und Mississippi-Tal, gesiedelt. Es konnte nicht ausbleiben, daß die Interessen der Engländer und der Franzosen auf diesem neuen Kontinent eines Tages kollidieren, und sie damit ihre Kriege, die sie in Europa führten, nach hier übertragen würden. Tragisch allerdings sollte dieser Kampf um die Vormachtstellung in Nordamerika für die Indianer werden, die in diese blutigen Auseinandersetzungen hineingezogen wurden.

Der Anlaß zum Krieg war ziemlich unbedeutend: Die Huronen, die zu den Algonkins gehörten, begleiteten die Franzosen auf ihren Forschungs- und Entdeckungsreisen. Samuel de Champlain entdeckte auf einer dieser Fahrten am 29. 7. 1609 den nach ihm benannten Lake Champlain. Er drang dabei mit seinen wenigen Begleitern weit in das Gebiet der Irokesen vor. Während der nun folgenden ersten Verhandlungen forderten die Irokesen von den Huronen die Auslieferung der Weißen. Die Huronen jedoch, bisher von den Irokesen verachtet und stets im Kampf gegen diese unterlegen, nutzten listig die neue Situation und baten die Franzosen, mit ihren Feuerrohren die Irokesen anzugreifen. Am folgenden Tag kam es auch zu einem Scharmützel, das als die Schlacht von Ticonderoga bekanntgeworden ist. Die Häuptlinge der Irokesen wurden von den Feuerwaffen der Franzosen niedergestreckt, die übrigen flohen. Dieses Gefecht entschied über das weitere Schicksal Frankreichs in Nordamerika. Die Irokesen, ein militärisch straff organisierter Stammesverband, vergaßen den Franzosen die Niederlage nie und verbündeten sich nunmehr mit den Engländern. Den Irokesen gelang es schließlich im Laufe der Jahrzehnte, ihre Rivalen, die Huronen, aus den heutigen USA und Kanada zu verdrängen. Ticonderoga jedoch bewies, wie auch die weitere Zukunft es zeigen sollte, daß die Weißen keinerlei Vorstellungen von der Bedeutung der einzelnen Indianerstämme besaßen. Die Irokesen waren zu dieser Zeit die entscheidende Macht im Nordosten Amerikas. Ihr beredter, glänzender Häuptling, Hiawatha, erreichte es in langen Verhandlungen, daß sich die fünf Stämme der Senecas, Cayugas, Onondogas, Mohawks und Oneidas zum Irokesenbund vereinigten, die sogar eine gemeinsame Sprache hatten, eine Seltenheit angesichts der Vielzahl indianischer Sprachen. Im Innern waren die einzelnen Stämme selbständig, aber nach außen traten sie jetzt geschlossen auf. Die Irokesen waren berüchtigt und gefürchtet wegen ihres Mutes und ihrer Grausamkeit. Sie waren es, die den ersten ernsthaften Versuch unternahmen, einen indianischen Großraum zu gründen. Dabei mögen auch religiöse Motive im Spiel gewesen sein. Sie waren auch die einzigen Indianer, die andere Stämme niemals ohne Kriegserklärung angriffen. Bald verschafften sich die Irokesen durch die Holländer Gewehre, so daß sie damit noch weit gefährlicher wurden, als sie es ohnehin schon waren. Sie nahmen sogleich und ohne Zögern blutige Rache an den Franzosen und Huronen für die bis-

Ætatis suæ 21. Aº. 1616.

Matoaks als Rebecka daughter to the mighty Prince Powhatan Emperour of Attanoughkomouck als Virginia converted and baptized in the Christian faith, and Wife to the Worll Mr Tho: Rolff.

Die Powhatan lebten an der Küste von Virginia, als die Engländer im Jahre 1607 auf sie stießen. Ihr Herrscher nannte sich ebenfalls Powhatan, so verstanden ihn jedenfalls die Siedler. Seine Tochter Pocahontas heiratete im Jahre 1614 John Rolfe. Zwei Jahre später kehrte Rolfe nach London zurück, um seine Frau der Königin Anne vorzustellen. Für England war die indianische »Prinzessin«, die in Wirklichkeit diesen Titel gar nicht kannte, eine Sensation. Aber das Glück dauerte nicht lange. Die Blattern, die Geißel der Indianer, raffte Pocahontas 1617 hinweg. In der Kirche von Gravesend ist noch heute ihr Grab zu sehen.

Die Indianer an der Ostküste spürten mehr und mehr den Druck der Weißen. Sie wußten, daß sie, um ihr Leben zu erhalten, entweder kämpfen oder sich den Weißen unterwerfen mußten. Sie entschieden sich für Krieg, zumal sie mit ansehen mußten, wie es ihren Brüdern unter den Weißen erging. Diese lebten bereits in Reservationen in Massachusetts, wo sie sich den Gesetzen der Puritaner zu unterwerfen hatten. So durften sie z. B. am Samstag nicht jagen. Auch das Tragen von Waffen erlaubte man ihnen nicht. Jeder betrunkene Indianer mußte sechs Tage für die Kolonie und weitere sechs Tage für den Informanten arbeiten – natürlich ohne Bezahlung. König Philip von den Wampanoags sollte ebenfalls seine Waffen abliefern, aber wie hätte er ohne sie jagen sollen? Er gab nicht nach, der Krieg brach 1675 aus. Der Kampf hätte bald beendet sein können, aber die Siedler dehnten ihn auf andere Stämme aus, um deren Land auch in Besitz zu nehmen. Beide Parteien verwüsteten ganze Landstriche. Bei den Kämpfen wurden über 600 Weiße getötet.

Urwald in Pennsylvania (von Carl Bodmer). Dieser undurchdringliche Dschungel war der Hintergrund der Kämpfe gegen die Indianer.

Eine Blockhütte der frühen Siedler im Osten der USA.

Indianer-Überfall auf Haverhill nördlich von Boston am 15. März 1697. Die Frau des Farmers Thomas Dustin, Hannah, wurde von den Rothäuten fortgeschleppt, nachdem man ihr sieben Tage altes Baby ermordet hatte. Thomas Dustin konnte sich durch wohlgezielte Schüsse mit seinen sieben Kindern in ein Blockhaus retten. Hannah Dustin und zwei anderen Gefangenen gelang es während des Marsches in das Indianer-Dorf, ihre Peiniger mit dem Tomahawk zu erschlagen, deren Skalps zu nehmen und zu fliehen.

22

her erlittenen Niederlagen. Wohl gelang es den Franzosen, die Irokesen, besonders die Mohawks, zeitweilig aus Kanada zu verjagen, aber zusammen mit den Engländern erschienen sie erneut auf dem Plan, und am 25. 9. 1664 band England die Irokesen durch einen Vertrag noch enger an sich.

Die »Pilgerväter«, die am 11. 11. 1620 von Bord der »Mayflower« an der heutigen Küste von Massachusetts an Land gingen und Plymouth gründeten, brachten ein neues Element in den Kampf um die Eroberung des Westens auf den Kontinent: Sie waren hart und unduldsam. Nicht nur Andersgläubigen gegenüber, sondern ganz besonders im Hinblick auf die Indianer. Sie verstanden die völlig andere Welt der Rothäute überhaupt nicht und wollten sie auch gar nicht verstehen. Für sie war nur ein toter Indianer ein guter Indianer.

Diese Auffassung kennzeichnet fast die gesamte Geschichte der Eroberung des Westens Amerikas. Die puritanische Lebensart und »Philosophie« ist noch heute im amerikanischen »way of life« erkennbar. Die Anschauungen der Puritaner sollten sich bei der Ausrottung der Ureinwohner während der weiteren Landnahme mehr und mehr durchsetzen. Allerdings muß man dazu gerechterweise auch wiederum sagen, daß diese Lebensweise den Wilden Westen zähmte, als der mittlere Westen und die Prärie erschlossen wurden. Sie sorgten für Ordnung, sahen darauf, daß die wilden Sitten bald verschwanden und daß das Recht sich durchsetzte. Eine gewisse Heuchelei war oft genug zwangsläufig im Gefolge.

Bereits im folgenden Jahr nach ihrer Landung schlossen die arg bedrängten Pilgerväter mit dem mächtigen Massassoit, dem »König« der Massachusetts, einen Vertrag über gute Nachbarschaft und Freundschaft.

Er überließ ihnen das Land, das sie bereits in Besitz genommen hatten. Mit Hilfe der Indianer gelang es den der Landwirtschaft unkundigen Weißen über die erste Zeit der Entbehrungen hinwegzukommen. Schon zu dieser Zeit entwickelte sich die Jagd auf Pelztiere, die durch die Trapper und einsamen Waldläufer bald Berühmtheit erlangen sollte. Durch diese wagemutigen Männer erhielten die Siedler erste Kenntnisse von dem riesigen Land im Westen. Ihre Schilderungen von der Schönheit und Weite der unendlichen Landstriche, die westwärts lagen, lösten immer neue Wanderzüge aus.

Von Massachusetts aus zogen viele Siedler in beschwerlichen, mühseligen Wagenkolonnen in das Tal des Connecticut-River und gründeten dort 1662 die Kolonie gleichen Namens. In diesem Gebiet aber saßen die Pequotes unter ihrem Sachem Sassacus. Die Spannungen mit den Weißen nahmen zu, da einmal die Indianer zu mächtig wurden und zum anderen die Puritaner ihr Land begehrten. Schließlich provozierten die Siedler die Pequote, und unter einem Vorwand erklärte man ihnen am 1. 5. 1637 den Krieg. Im Juni 1637 stießen die Engländer am Mystic-River auf die Pequote, die alle niedergemacht wurden. Die nachfolgende Jagd auf die Indianer war grauenvoll. Sassacus floh zu den Irokesen, die ihn aber töteten.

Bis zum Jahre 1674 vergingen die Jahre in den sich ständig weiter nach Westen ausdehnenden Kolonien verhältnismäßig ruhig. Allmählich aber verschob sich das Verhältnis immer mehr zu Ungunsten der Indianer. In den Neuengland-Staaten gab es um diese Zeit bereits 20 000 weiße Kolonisten gegenüber 15 000 Indianern. Wahrscheinlich wohnten im gesamten Gebiet östlich des Mississippi überhaupt nicht mehr als 20 000 Rothäute. Bald fühlten sich die Siedler aber – wie auch später immer wieder – beengt. Unruhe breitete sich aus. Die Indianer mußten weiter zurückgedrängt werden! Der mutige Sohn des Massassoit, Metacomet (oder Metacom), von den Engländern »König Philip« genannt, verbündete sich deshalb mit anderen Stämmen, um dem weiteren Vordringen der Weißen endlich Einhalt zu gebieten. Die weißen Siedler suchten mühsam nach einem Grund, der es ihnen möglich machen würde, wieder gegen die Indianer vorzugehen. Sie fanden ihn. Den Tod eines Indianers, der ihnen als Spion gedient hatte, benutzten sie als Vorwand, um mit den Roten abzurechnen. Metacomet wurde gezwungen, seine angeblichen »Schandtaten« einzugestehen und alle seine Feuerwaffen abzuliefern. Metacomets Suche nach weiteren Verbündeten war erfolgreich gewesen, als es am 20. 6. 1675 zum offenen Ausbruch der Feindseligkeiten kam. »König Philip« zog sich in die Sümpfe von Pocasset zurück. Die Weißen rückten nach,

und hier gelang es den Indianern, den verhaßten »Langnasen« eine schwere Niederlage beizubringen. Erst am 19. 12. 1675, als die Nächte schon kühl wurden, brachten die bedrohten Kolonisten eine größere Streitmacht auf die Beine. Sie vernichteten das Winterlager der Narrangansets unter furchtbaren Grausamkeiten, woraufhin sich nunmehr in rasendem Zorn fast alle Indianerstämme im Gebiet des Connecticut bis zur Narrangansett-Bucht an den Feindseligkeiten gegen die Weißen beteiligten.

Metacomet sammelte daraufhin im Sommer des Jahres 1676 seine verbündeten Stämme und ließ die Häuptlinge rufen, um über die bedrohliche Lage zu beraten. Die Niederlage aber ließ sich jetzt nicht mehr abwenden! Die Engländer streuten die Nachricht aus, daß demjenigen nichts geschehen würde, der Metacomet tötet oder ihn gefangennimmt. Durch einen Verräter erfuhren sie das Versteck des jetzt von allen Seiten gehetzten Indianers. Sie griffen ihn, und am 12. 8. 1676 wurde der große, ruhmreiche Häuptling der Pequotes erschossen.

Der erste große Aufstand der Indianer gegen das Vordringen der Siedler nach Westen war zusammengebrochen.

Typisch für die Massaker während der französischen und indianischen Kriege gegen die Engländer
ist der Überfall auf den kleinen Ort Deerfield am Connecticut in Massachusetts. Fünfzig Franzosen
und 200 Indianer marschierten im tiefsten Winter von Montreal über 300 Meilen nach Süden. Am
28. 2. 1704 kamen sie am Nachmittag an ihrem Ziel an. Ahnungslos schliefen die Bewohner in ihren
Hütten, als im frühen Morgengrauen der Überfall begann. In der Mitte der Ansiedlung stand das
Versammlungshaus mit 15 Häusern, die von einer Palisade geschützt wurden. Die Angreifer über-
stiegen diese mühelos, und 53 Männer, Frauen und Kinder fielen den Tomahawks zum Opfer. Wer
nicht fliehen konnte, mußte in die Gefangenschaft nach Kanada ziehen. Unterwegs töteten die Indianer
von den 111 Verschleppten weitere 17. Erst nach Jahren kehrten die Gefangenen wieder zurück.

George Washington hatte Braddock eindringlich gewarnt, aber dieser meinte, daß die Wilden wohl zwar für die amerikanische Miliz ein furchtbarer Gegner wären, aber nicht für seine disziplinierten Soldaten. Die französischen Offiziere, die die Indianer anführten, kämpften halbnackt wie ihre Verbündeten.

Weiter nach Westen

In der zweiten Hälfte des 17. Jahrhunderts setzten in Nordamerika die Auseinandersetzungen zwischen England und Frankreich ein. Die englischen Einwanderer waren gegenüber ihren Gegnern insofern im Vorteil, als mehr und mehr Siedler in das Land strömten, um sich hier für immer niederzulassen. Die Franzosen hatten zunächst nur das Gebiet um den St.-Lorenz-Strom in Besitz genommen und stießen dann über den Ohio und den Mississippi nach Süden vor, so daß sich im Westen ihre Siedlungsgebiete vor die Neuengland-Staaten wie ein Sperriegel legten. Aber es folgten ihnen nicht die Siedler in den Massen nach, wie auf der Gegenseite. Sie blieben daher zahlenmäßig stets unterlegen, abgesehen davon, daß die französische Politik die Entscheidung der englisch-französischen Auseinandersetzung in Europa suchte, während England die See beherrschte und damit auch gleichzeitig Nordamerika.

Louisiana fiel 1682 an Frankreich. 1718 entstand New Orleans. Die Franzosen besaßen somit eine Verbindung zu Wasser und zu Land bis hinauf in den Norden, nach Kanada. Trotzdem drangen die englischen Kolonisten unaufhaltsam weiter nach Westen vor. Dies war ganz einfach auch in der geographischen Lage begründet, denn alle bedeutenden Wasserwege führen von Ost nach West. Die großen Seen und der St.-Lorenz-Strom haben gleichfalls eine Ost-West-Richtung. Das Mohawk-Tal in den nördlichen Appalachian weist auch den Weg nach Westen. Das berühmte Tal des Ohio erstreckt sich, grob gesprochen, von Ost nach West. In den Kolonien erkannte man rechtzeitig, daß derjenige, der dieses Tal kontrollierte, damit auch den riesigen Mississippi beherrschte. Hatte man aber erst einmal dieses gewaltige Flußtal in Besitz, so mußte man auch im Laufe der Zeit das damals endlos scheinende Gebiet westlich dieses Stromes in seine Gewalt bringen. Es war nur folgerichtig, daß die Franzosen diese Entwicklung als eine Bedrohung empfanden, aber auch die Engländer, die sich umklammert glaubten. Den Franzosen, zahlenmäßig weit unterlegen, blieb kein anderer Ausweg, als die Hilfe der Indianer in Anspruch zu nehmen, jener, die von den Engländern vertrieben worden waren. Das war der Anfang der jahrelangen, blutigen französischen und Indianer-Kriege in Nordamerika.

Die Auseinandersetzung begann im Jahre 1754.

Im Ohio-Tal errichtete Frankreich zahlreiche Forts, gewaltige Holzburgen, darunter das hoch aufragende Fort Duquesne. Unter George Washington, dem späteren ersten Präsidenten der Vereinigten Staaten, bauten daraufhin die englischen Kolonisten als Gegenmaßnahme eilig das Fort Necessity. Es konnte sich nicht halten und mußte bald gegen eine Übermacht den Franzosen übergeben werden. Von England aus traf endlich die lang erwartete Verstärkung durch General Edward Braddock ein, der mit zwei Regimentern und mit Artillerie anrückte. Mit Unterstützung der Miliz aus Virginia, die unter George Washington marschierte, zogen 1500 Mann reguläre Truppen in das Ohio-Tal, um die Franzosen zu vertreiben. Am Abend des 7. 7. 1755 erreichten die Truppen eine Flußschleife des Monongahela – etwa 7 Meilen von Fort Duquesne. Am folgenden Morgen marschierte General Braddock weiter – Trommeln schlugen und die Pfeifen schrillten den Grenadier-Marsch. Die sofort nach traditioneller, europäischer Taktik vorrückenden englischen Truppen wurden am Monongahela-River vernichtend geschlagen. General Braddock hatte vorher alle Warnungen in den Wind geschlagen. Man hatte ihm ge-

In der Mitte des 18. Jahrhunderts entschied sich der Kampf zwischen Franzosen und Engländern um die Beherrschung des nordamerikanischen Kontinents. Die Engländer stießen über das Allegheny-Gebirge nach Westen. Um dem Vordringen der Engländer Einhalt zu gebieten, bauten die Franzosen im Gebiet des Ohio eine Reihe von Forts als Sperriegel. Der Kampf entbrannte schließlich um Fort Duquesne, das die Franzosen in der Nähe des Monongahela-River errichtet hatten. Gegenmaßnahmen unter George Washington im Jahre 1754 schlugen fehl. Aus England kamen daher im Februar 1755 zwei reguläre Regimenter unter General Edward Braddock (Bild), um das Fort zu erobern. 1400 Mann zogen in tadelloser Marschordnung durch den Urwald. Franzosen und Indianer erwarteten sie 7 Meilen vor dem Fort in einem Hinterhalt und griffen am 8. 7. 1755 an. Die ohne jede Deckung kämpfenden britischen Soldaten erlitten schwere Verluste. Sie sahen keinen Feind, der aber überall und nirgends war. Nach vier Stunden mußte der Rückzug angetreten werden, der tödlich verwundete Braddock erkannte zu spät, daß die europäische Taktik und Schlachtordnung in Nordamerika nutzlos war. Von 1900 Mann kehrten nur 590 zurück. Doch trotz dieses Sieges verlor Frankreich im Jahre 1763 seine Besitzungen in Nordamerika.

Wie eine endlose Schlange marschierten die britischen Soldaten Fort Duquesne entgegen. Unter den Klängen des Grenadier-Marsches nahm General Braddock kurz vor der Schlacht die Parade ab.

sagt, daß es unmöglich sei, im undurchdringlichen Urwald in regulärer Schlachtordnung zu kämpfen. Da er es besser zu wissen glaubte, mußte er im Feuer der geschickt angreifenden Indianer eine bittere Niederlage hinnehmen. Nur die Miliz unter Washington verhinderte das völlige Fiasko. General Edward Braddock wurde schwer verwundet und starb wenig später.

Die auf französischer Seite stehenden Indianer verwüsteten als Folge der Niederlage der Engländer das Grenzgebiet. Ein englisches Fort nach dem anderen fiel ihnen und ihren Verbündeten, den Franzosen, in die Hände. Langsam jedoch gewannen die Engländer wieder die Oberhand, besonders nachdem es ihnen 1759 gelungen war, Quebec in Kanada zu erobern. Durch den Siebenjährigen Krieg in Europa erschöpft und geschwächt, war Frankreich nicht in der Lage, seinen Kolonien in Nordamerika eine durchgreifende Unterstützung zu gewähren, ganz abgesehen davon, daß die englischen Kriegsschiffe in jenen Jahren souverän die See beherrschten. Im Frieden von Paris im Jahre 1763 trat Frankreich alle Gebiete in Kanada und östlich des Mississippi an England ab. Die Herrschaft Frankreichs in der Neuen Welt war damit zu Ende gegangen. Die Spanier schließlich, die auf der Seite der Franzosen gefochten hatten, verloren Florida sowie alle Gebiete westlich und südwestlich des Mississippi. Lediglich Louisiana ging aus französischen in spanische Hände über – der weiteren Expansion der 13 englischen Kolonien nach Westen stand keine wirkliche Großmacht mehr im Wege.

In diesen Tagen erklang erstmals der berühmte Ruf: »Westward Ho!«

Die Eroberung des gewaltigen Kontinents konnte beginnen. Nur noch die Indianer und die geographischen Verhältnisse stellten sich dem Ansturm entgegen.

Viele Indianer, die sich noch zu den Franzosen hingezogen fühlten, konnten es nicht verstehen, daß sie plötzlich ohne Verbündete waren. Sie glaubten zuversichtlich, daß ihnen bei einem erneuten Kampf gegen die britischen und später amerikanischen Siedler die Franko-Kanadier helfen würden. Der Führer dieser neuen Aufstandsbewegung war Häuptling Pontiac von den Ottawas, dem es gelang, die Ojibwas, Delawaren, Shawnees sowie die Potawatomis zu einigen. Diese Indianer – im Ohio-Tal ansässig – waren durch die Handlungsweise der Trapper und Händler erbittert, außerdem enttäuschten sie die Engländer zutiefst, die ihnen nicht, wie die Franzosen, jährlich Geschenke überbrachten.

Als der Frühling des Jahres 1763 heraufzog, versammelten sich die geeinten Stämme, stürmten gegen die Forts, überfielen die Siedlungen, Angst und Schrecken unter den Weißen verbreitend. Nur die Forts Detroit und Pittsburgh blieben verschont.

Die Grenzsiedlungen von den Großen Seen bis hinunter nach Virginia wurden nahezu völlig verwüstet. Englischen Soldaten und der Miliz gelang es schließlich, den Aufstand der Indianer blutig niederzuschlagen. Am Bush Run brachten sie am 5. 8. 1763 den Indianern unter Shingo eine schwere Niederlage bei. Auf den berühmten Sandbänken des Muskingum-River kam es zu Verhandlungen und am 17. 11. 1764 zum Frieden mit einigen Stämmen, die danach beruhigt nach Westen davonzogen. Der große Pontiac, dem die Einigung so vieler Stämme gelang, dessen Kriegern aber trotz aller Anstrengungen die Einnahme und Verwüstung des starken Forts Detroit versagt geblieben war, lebte später in Indiana und in Illinois. Bei einem Besuch von St. Louis im Jahre 1769 fand dieser kühne Häuptling ein unrühmliches Ende: Man ermordete ihn.

Auch die folgenden Jahre sollten dem »Wilden Westen« keine Ruhe bringen.

Die brutale Ermordung der ganzen Familie des bekannten, geachteten Häuptlings Red Logan von den Mingos im Jahre 1774, der ein großer Freund der Weißen war, leitete einen neuen, grausamen Grenzkrieg ein. Bei Point Pleasant, einer Halbinsel an der Mündung des großen Kanawha in den Ohio, entbrannte am 9. 10. 1774 die Schlacht gegen die Shawnees unter ihrem berühmten, gefürchteten Häuptling Cornstalk. Wilde Angriffe der Indianer, deren grell bemalte Gesichter immer näher vor den Verteidigungslinien der Weißen auftauchten, die Luft erfüllt vom Kriegsgeschrei der Rothäute, das die Kolonisten erschaudern ließ. Überall schwirrende Pfeile, dazwischen der trockene Knall der Gewehrschüsse. Staubwolken, in denen die schweißigen, roten Leiber der Angreifer herandrängten. Hier und dort die Adlerfedern der Häuptlinge. Die Lage der Siedler wurde verzweifelt. Fast gelang den Indianern die völlige Einkesselung. Jeder der Weißen wußte, was das bedeutete. Da traf, gerade als die Rothäute wieder

So sahen die Blockhütten der Siedler aus. Im Vordergrund des Bildes sieht man die Baumstümpfe, denn man machte sich keine große Mühe, den Wald zu roden. Brachte das Land nichts mehr ein, zogen die Siedler weiter nach Westen.

Daniel Boone (1734–1820) ging noch in seiner Jugend mit seiner Familie nach North Carolina. Sein Leben verbrachte er als Jäger und Trapper. Er gilt fälschlich als der Entdecker und Gründer von Kentucky. Im Südwesten von Virginia führte die Wilderness Road durch das Cumberland Gap bis zu den grünen Feldern von Kentucky. Boone versuchte 1767–68 zum ersten Mal vergeblich, hier vorzudringen. In den Jahren 1769–1771 gelang es ihm dann, trotz ständiger Indianer-Überfälle, in Kentucky zu jagen. Er kannte daher Kentucky besser als viele andere Weiße, die schon vor ihm dort waren.

Unten links: Wie stets an der Grenze entbrannte ein Kampf zwischen zwei Rassen. Die Indianer brauchten Kentucky als Jagdgrund, während die Weißen Kentucky in Besitz nehmen wollten. Folglich griffen die Siedler die Rothäute überall an. Die Shawnees hielten sich anfangs zurück, aber 1774 wehrten sie sich gleichfalls durch Überfälle. Häuptling Cornstalk (Bild) von den Shawnees hatte erfahren, daß die ausgesandte Armee zur Niederwerfung der Indianer sich geteilt hätte. Er beabsichtigte daher, mit 1000 Kriegern erst die eine und dann die andere Streitmacht zu vernichten. Am 9. 10. 1774 kam es bei Point Pleasant am Great Kanawha zur Schlacht.

Unten rechts: Einer der mächtigsten Irokesenhäuptlinge war Joseph Brant (1742–1807), der im amerikanischen Revolutionskrieg auf seiten Englands kämpfte. Besonders an der Grenze des Staates New York tobte der Kampf mit unerhörter Grausamkeit. Als eine amerikanische Streitmacht zwei indianische Dörfer als Vergeltung auslöschte, nahm Joseph Brant furchtbare Rache. Am 11. 11. 1778 durchzog er mit seinen Indianern das Cherry Valley und tötete 30 Amerikaner und verwundete 71.

Immer mehr Siedler strömten in das Wunderland Kentucky. Daniel Boone gründete 1775 die Siedlung Boonesborough (Bild). Als er seine Frau und seine Tochter nach dort brachte – die ersten weißen Frauen in Kentucky überhaupt –, konnte man dies als den Anfang einer dauerhaften Besiedlung ansehen.

31

mit Todesverachtung anstürmten, in letzter Minute Entsatz von außen ein. Cornstalk brach den Kampf ab. Die anfeuernden Rufe der Häuptlinge verstummten. Die Krieger zogen sich zurück und verschwanden lautlos hinter den Hügeln.
Bei Camp Charlotte schloß man Frieden. Das Ohio-Tal und Kentucky waren damit für die Indianer endgültig verloren.

Während des amerikanischen Unabhängigkeitskrieges von 1776 bis 1783 tobte der Kampf an den Grenzen im Westen mit furchtbarer Grausamkeit besonders unter dem Häuptling Joseph Brant von den Mohawks, der auf Grund seiner Erziehung treu zu den Engländern hielt. Es war verständlich, daß der Großteil der Indianer auf englischer Seite focht, denn nach ihrer Meinung waren nun die Amerikaner als Siedler die gefährlicheren Gegner geworden. Beide Parteien schürten in diesen Jahren die Grausamkeiten. So ermordeten die Amerikaner am 6. 3. 1782 getaufte Indianer in den Dörfern Salem, Gnadenhütten und Schönbrunn grundlos. Die Folge waren neue, wütende Überfälle der Indianer, worauf George Washington befahl, die Delawaren, Wyandottes und Shawnees endgültig zu bezwingen. Bei diesen Kämpfen erlitten jedoch die Amerikaner unter Colonel Crawford am Sandusky-River am 5. 6. 1782 eine Niederlage. Alle Tapferkeit der Rothäute und ihr Widerstandswille mußten auf die Dauer ohne Erfolg bleiben. England schloß 1783 Frieden mit den aufständischen Kolonien. Somit gehörten die Indianer östlich des Mississippi zum neuen Staat der USA. Die Indianer am Ohio konnten sich mit der neuen Lage nur schwer abfinden, aber auf Anraten der Engländer begruben auch sie schließlich das Kriegsbeil.
Dieser Zustand währte wiederum nicht lange. Die Kämpfe flackerten erneut auf. Es war bald erkennbar, daß sich die amerikanischen Siedler nicht an die vielen, inzwischen geschlossenen Abmachungen hielten. Sie zogen über den Ohio hinaus weiter nach Westen, worauf die Indianer, von den Engländern moralisch unterstützt, über die Weißen herfielen. Jetzt rückten amerikanische Armee-Einheiten zur Grenze im Westen vor, um hier für Ruhe und Ordnung zu sorgen. Aber die Delawaren, Wyandottes und Shawnees stürzten sich auf die Truppen unter General Josiah Harmar und vernichteten sie in der Schlacht bei Fort Wayne am 18. 10. 1790 ohne Gnade. Das gleiche Schicksal ereilte General Arthur St. Clair und seine Soldaten, der am Wabash am 4. 11. 1791 in einen Hinterhalt geriet und dessen Truppen völlig aufgerieben wurden.
Der Gegenangriff der Siedler und der Armee ließ nicht auf sich warten.
Unter dem US-General Anthony Wayne gelang es, einen Teil der Indianer-Stämme zu spalten. Er baute eine schlagkräftige Heeresgruppe auf und drang bis zur Erie-Ebene vor. Hier erbaute er das Fort Defiance. Doch noch immer wollten die Indianer von Frieden nichts wissen. Sie fühlten sich hintergangen und erniedrigt. Sie verschanzten sich hinter von einem Tornado gefällten Bäumen, und am 20. 8. 1794 entbrannte die Schlacht am Fallen Timber. Die Indianer und Kanadier – Miamis unter Little Turtle, Blue Jacket mit den Shawnees, Ottawas, Chippewas und Potawotomis mit dem Häuptling Black Wolf, Sauk und Fox sowie etwa 70 Kanadier – wurden nach einem mit aller Erbitterung geführten Kampf in die Flucht geschlagen. Wie üblich gaben die Rothäute auf und versammelten sich am 16. 6. 1795 in Greenville zu Friedensverhandlungen. Am 3. 8. 1795 unterzeichnete man den Vertrag: Die Indianer traten den südöstlichen Teil des Nordwestens ab, weiterhin die Gebiete um Detroit und Chicago. Schwärme von amerikanischen Siedlern fielen nun in die Flußtäler des Scioto und Muskingum ein, und schon nach wenigen Jahren war auch dieser Vertrag, wie auch die übrigen, für die Indianer völlig wertlos. Wieder stand der rote Mann mit leeren Händen da.
Wer aber waren die Siedler? Was für Menschen waren es? Die Einwanderer stammten vornehmlich aus Europa, aus England, Irland, Deutschland, den Niederlanden und Schweden, die aus politischen, religiösen und wirtschaftlichen Gründen ihre alte Heimat verlassen hatten. Und was bewog sie, in Nordamerika als Grenzbewohner ständig weiter nach Westen zu wandern? Sie unterlagen einer unerklärlichen

»Kiowa-Lager« von Balduin Möllhausen.

»Dakota-Indianer« von George Catlin (1796–1872).

»Navaho-Indianer« von Balduin Möllhausen.

Anziehungskraft, der sie einfach nicht widerstehen konnten. Sie sahen, wie im Westen die Hügelketten scheinbar endlos waren, immer neue, weite Täler auftauchten, und das Präriegras im Westen kein Ende zu nehmen schien. Es war sicher nicht so sehr die Erde, das Acker- und Weideland, der Grund und Boden, denn Platz hatten die Siedler genug, obwohl man oft davon sprach, daß es ihnen in den dünn besiedelten Gebieten zu eng würde. Ihnen ging es wohl vielmehr um die persönliche Freiheit, nicht so sehr um den Besitz an sich. Der Grenzer wollte sein eigener Herr bleiben. Im Osten Amerikas dagegen konnte man sich diese freie Einstellung schon bald nicht mehr leisten. Hier gab es Einengungen wie in Europa: Mieten, Löhne und das Gesetz. Um sich aber die Freiheit vor diesen Einengungen zu bewahren, mußte man immer weiter nach dem Westen vorstoßen.

Jene, die dem Sog des Westens stets zuerst folgten, waren meist die »geborenen« Grenzbewohner. Daneben gab es noch drei wichtige Typen, die bis zum Ende des Wilden Westens das Geschehen prägten. Es waren die Jäger, die Landsucher und die Flüchtlinge.

Der Jäger galt als der Vorläufer der Grenzer und paßte sich der Wildnis wie ein Indianer an. Die Grenzsiedlungen besuchte er auf seinen Streifzügen nicht allzu oft. Als Scout war er unentbehrlich, ganz besonders während der Indianerkriege. Meistens durchstreifte er allein das Land weit vor der Grenze, das er wie niemand anders kannte. Der Zivilisation war er ganz entrückt, sogar entfremdet. Später wurde aus ihm der Missouri-Trapper, schließlich der Mountain-Man.

Der Landsucher hingegen hatte für die Wildnis kaum Verständnis. Er beabsichtigte nicht, ständig weiter zu wandern, sondern suchte einen Platz, um Wurzeln zu schlagen. Vielleicht besaß er im Osten des Landes schon einige hundert Acres, die er um weitere 5000 oder sogar 50 000 erweitern wollte. Er gehörte meist zu den Gründern der neuen Siedlungen, wurde Miliz-Offizier, Kongreß-Abgeordneter und oft auch Gouverneur der neuen Staaten im Westen. Er ließ sich keine Chance entgehen, sich soviel Grund und Boden wie nur möglich anzueignen. Durch Landbesitz wurde dieser Grenztyp der Wegbereiter des Fortschritts.

Der Flüchtling war aus vielen, recht verständlichen Gründen am zahlreichsten vertreten. Ihn hatte nicht der Wunsch fortgetrieben, etwas zu erwerben, sondern nur die Hoffnung, seinem bisherigen Schicksal zu entfliehen. Alle Gesellschaftsklassen gehörten hierzu, wie etwa der entlaufene Bondsman. Die meisten Einwanderer konnten nicht einmal ihre Schiffspassagen bezahlen, so daß sie sich für sieben Jahre bei einem Arbeitgeber in Nordamerika verpflichten mußten, um überhaupt mitgenommen zu werden. Dann und wann war unter ihnen auch ein enttäuschter Liebhaber, oft genug ein Flüchtling vor dem Gesetz. Diese Menschen kamen in Schwärmen. Sie waren es aber auch, die bei aufziehender Gefahr als erste wieder nach Osten flohen.

Die Lebensverhältnisse waren äußerst primitiv. Man stellte auch keine Ansprüche. Die Menschen lebten in einer groben Blockhütte. Die klobigen Möbel waren selbst gezimmert, das Bett bestand aus einer Strohmatratze. An Werkzeugen, persönlichen Gegenständen besaß man gerade soviel, wie eine Familie tragen konnte. Ein Pferd hatten die wenigsten. Falls der Grenzer eine Kuh sein eigen nannte, mußte sie bald geschlachtet werden, um die Familie vor dem Hungertod zu bewahren. Schießpulver war knapp und teuer, außerdem mußte es für Notfälle aufgehoben werden. Im Sommer besserte sich die Lage etwas. Der Wald barg jetzt reiche Früchte, und die Ernte mochte gut ausfallen oder die Tierfallen reiche Beute bringen. Aber wie konnte der Grenzer seine Erzeugnisse zum nächsten Markt bringen, der meilenweit entfernt lag, um Salz, Pulver oder eine Axt einzutauschen? Vielleicht gab es eine Siedlung in der Nähe, aber konnte man im Sommer auf dem Urwaldpfad dorthin gelangen? Heute fragen wir uns, warum diese Menschen, die Pioniere des Westens, solche Entbehrungen auf sich genommen haben. Aber seit seiner Kindheit hatte der zukünftige Grenzer unvorstellbare Geschichten und Abenteuer von jenseits der Berge gehört, so daß ihm das Land wie ein Paradies erscheinen mußte. Dort schien ihm alles viel größer und besser, ganz gleich, um was es sich handelte. War er erst einmal in dem neuen Gebiet, so stellte er zwar fest, daß die Erzählungen nicht getrogen hatten, aber es gab genug

Oben links: Im Nordwesten herrschte auch nach dem Krieg noch lange keine Ruhe. Die Engländer übergaben unter fadenscheinigen Vorwänden nicht alle Forts an der kanadischen Grenze. Dahinter stand der Plan, die Nordwestindianer zu vereinigen und einen Pufferstaat zu errichten. Aber die Rothäute konnten sich trotz der Gefahr, von den Amerikanern aus ihren Jagdgründen vertrieben zu werden, wieder nicht einigen. Die Pioniere in Kentucky griffen 1788 daraufhin die Indianer an, die ihrerseits zurückschlugen. Die gegen sie ausgesandten Truppen erlitten schwere Niederlagen, besonders General Arthur St. Clair. Am 4.11.1791 überfielen die Indianer sein Lager, und innerhalb kurzer Zeit fielen 630 Mann und 283 wurden verwundet. Diese Schlacht gilt als die verlustreichste im Kampf gegen die Indianer und nicht – entgegen Behauptungen – die am Little Big Horn. General Anthony Wayne (Bild) drillte eine neue Streitmacht im Winter 1793/94. Im Sommer 1794 marschierte er nach Norden.

Oben rechts: Little Turtle (Bild) von den Miamis war wie die anderen bei Fort Miami versammelten 2000 roten Krieger davon überzeugt, daß man mit Hilfe der Engländer siegen würde. Als Wayne am 8.8.1794 den Maumee erreichte, ließ er die Rothäute wissen, daß er am 17.8. an der von ihnen ausgesuchten Stelle angreifen würde. Da er wußte, daß die Indianer vor einem Kampf fasteten, griff er natürlich an diesem Tag nicht an, sondern erst drei Tage später, als seine Gegner vor Hunger geschwächt waren und 500 Krieger nach Fort Miami gingen. In zwei Kolonnen schritt er zur Attacke gegen die Indianer, die hinter einer Brüstung aus gestürzten Baumstämmen lagen (daher Schlacht bei Fallen Timber). Nach kurzem Gefecht flohen die Indianer. Obwohl sie nur 50 Tote zu beklagen hatten, war ihr Wille gebrochen, denn die Engländer in Fort Miami dachten nicht daran, ihnen zu helfen und somit einen Krieg mit Amerika heraufzubeschwören.

Links: Ein großer Indianerhasser und -schlächter war Simon Kenton, (1755–1836), der über 40 Jahre gegen sie kämpfte. Anfänglich war er befreundet mit dem berühmten Indianerfreund Simon Girty, der ihn sogar vor dem Martertod rettete.

andere Mächte, die ihm das neue Paradies streitig machten. Die Indianer sahen in ihm nur den feindlichen Eindringling. Nach dem amerikanischen Unabhängigkeitskrieg kamen die Engländer hinzu, die die Rothäute in ihrem Kampf gegen die vordringenden Amerikaner unterstützten, denn bis in die ersten Jahrzehnte des 19. Jahrhunderts unterstand der mittlere Westen noch der englischen Krone.

Ein typischer Vertreter dieser Waldläufer, Jäger, Trapper, Landsucher und Siedler war Nathaniel Boone, wahrscheinlich das Vorbild des berühmten Lederstrumpfs von James Fenimore Cooper. Bekannt wurde er durch die Erforschung und erste Besiedlung von Kentucky und die Verteidigung von Boonesborough während des Unabhängigkeitskrieges. Er geriet sogar für mehrere Monate in die Gefangenschaft der Indianer und wurde als deren Sohn adoptiert. Er gehörte zu den urwüchsigen Pionieren des Westens, die nie Reichtümer erwarben. Immer war er auf unruhiger Wanderschaft. Tauchte er wieder einmal in der Zivilisation auf, hielt es ihn meist nicht lange unter den geschäftigen und geschwätzigen Menschen, und seine Spur verlor sich bald wieder in der endlos scheinenden Weite der Wälder.

Viel ist von seiner berühmten langen Büchse geschrieben worden, dem sogenannten Kentucky-Rifle. Es wird stets behauptet, daß er, wie viele seiner Kameraden in der Wildnis, ein vortrefflicher Meisterschütze war. Das stimmt zwar in gewisser Beziehung, doch war damals die Treffsicherheit des Gewehres recht ungenau. Außerdem war das Kentucky-Rifle ziemlich schwer und nicht leicht zu handhaben. Wenn es ein Fort oder ein Blockhaus zu verteidigen gab, brauchte der Schütze meistens mehrere Gewehre, um überhaupt Dauerfeuer schießen zu können, wobei ihm die Frauen halfen, die Gewehre zu laden. Man änderte die von Europa mitgebrachten Gewehre, indem das Kaliber herabgesetzt wurde, um Pulver und Kugeln zu sparen. Wegen der größeren Treffgenauigkeit verlängerte man die Läufe, aber auch deshalb, damit alles Pulver abbrannte. Für die Schäfte verwendete man das harte Ahornholz. Einen Gewehrriemen kannte man nicht, denn in der Wildnis hängte man sein Gewehr nicht um. Im Laufe der Zeit wurde das Gewehr mehr und mehr verbessert. Das Kaliber ging schließlich bis auf .40 bis .45 herunter. Der Kolben verlief stark nach unten, die Kolbenplatte war ausgebogen und paßte sich dem Oberarm an der Schulter an. Dies war das Kentucky-Rifle. Später kamen die halbautomatischen Waffen auf, wie die Winchester-Büchse und der Trommelrevolver.

Das Jagdmesser war selbstverständlich ein ständiger Begleiter des Pioniers. Als Waffe spielte es gleichfalls eine bedeutende Rolle. Es wurde durch das Bowie-Messer abgelöst, das Jim Bowie »erfunden« hatte.

Im Krieg von 1812 kämpfte Tecumseh auf englischer Seite. Nach anfänglichen Erfolgen der Engländer zogen sich diese nach der verlorenen Schlacht am Erie-See unter dem unfähigen General Harry Proctor längs des Thames-River zurück. Hier kam es am 5. 10. 1813 erneut zur Schlacht, in der Tecumseh fiel. Wer von den Amerikanern den großen Häuptling getötet hat, ist nicht einwandfrei zu ermitteln. Seine Leiche wurde auch nie gefunden. Seine getreuen Indianer haben ihn wahrscheinlich an unbekannter Stelle begraben.

Die Eroberung des Wilden Westens beginnt

Die Grenze der Vereinigten Staaten rückte langsam vom Mississippi nach den Rocky Mountains vor. Dieses riesige, kaum erforschte Gebiet gehörte bis 1763 größtenteils zu Spanien. Im Jahre 1800 ging der westliche Teil an Frankreich über, was bei den Amerikanern große Unruhe hervorrief. Doch schon drei Jahre später verkaufte Napoleon I. Louisiana, wie man das Territorium nannte, an die USA. Außer einigen wenigen Siedlern, Scouts und Trappern kannte kaum jemand das Land genau. Das war auch der Grund, weshalb im folgenden Jahr – am 14. 5. 1804 – Hauptmann Meriwether Lewis und Lieutenant William Clark mit 51 Mann zu einer Expedition aufbrachen, um den fernen Westen bis hin zur Pazifikküste zu erforschen. Unter unvorstellbaren Strapazen durchzogen die 53 Männer den Kontinent. Nach Überquerung der Rocky Mountains erblickten die Expeditionsteilnehmer am 7. November 1805 in der Ferne die schimmernde Küste des Pazifiks. Nach zwei Jahren und vier Monaten kehrten Lewis und Clark und die Männer, die diesen Marsch ohne Beispiel überlebt hatten, am 23. 9. 1806 nach St. Louis zurück. 8000 Meilen lagen hinter ihnen.

Der Eindruck ihrer Expedition war gewaltig. Aus den veröffentlichten Aufzeichnungen konnten die im Osten sich schon wieder eingeengt fühlenden Amerikaner entnehmen, daß sie in dem noch unerschlossenen Gebiet endlich wieder genug Ellbogenfreiheit haben würden.

Im Jahre 1812 brach abermals Krieg mit England aus. Es ging hierbei, wie so oft in der Geschichte der Besiedlung des nordamerikanischen Kontinents, um neues Land, das die Grenzer beanspruchten. Ihre Blicke richteten sich im Westen längst wieder auf die Gebiete der Indianer, im Norden auf die der Engländer. Die jeweiligen Wanderungswellen nach Westen waren oft ausgelöst worden, weil die Siedler im Grenzgebiet nur einen sehr kleinen Teil ihres Besitztums rodeten, und die wenigen gewonnenen Felder bis zur Erschöpfung abernteten. Man verkaufte sein Land und zog weiter. Der Osten Amerikas interessierte den Pionier überhaupt nicht, ebensowenig wie die verbesserten Anbaumethoden, wie sie in Virginia längst üblich waren. Der Grenzer hing zu dieser Zeit noch stark vom Wald ab, die Eisenbahn konnte im fernen Westen und in der Prärie noch nicht seine Bedürfnisse decken.

Noch aber wagten die Pioniere es nicht, in die weiten Räume westlich des Mississippi vorzudringen. Außerdem beherrschten mächtige Indianerstämme das riesige Louisiana-Territorium. Also richtete man sein Augenmerk auf die Waldgebiete, die den Indianern noch im Nordwesten (Illinois und Indiana) gehörten, dann weiter auf die zu Kanada gehörende Halbinsel zwischen dem Huron-, Erie- und Ontario-See. Bis zum Jahre 1808 hatte die Regierung der USA die Siedler durch Landkäufe bei den Nordwestindianern davon abgehalten, sich mit ihnen zu streiten. Bisher hatten die Ureinwohner Nordamerikas meist zuerst angegriffen oder sich gegen viele Ungerechtigkeiten gewehrt, aber zu Beginn des 19. Jahrhunderts gingen die Weißen entschlossen zum Generalangriff über. Nun wollte man die Indianer endgültig zwingen, ihre Jagdgründe aufzugeben und sich auf den Ackerbau zu beschränken. Im Jahre 1800 schuf man daher das Indianer-Territorium, das den Nordwesten der USA umfaßte, ausgenommen Ohio, sowie später Michigan, Illinois und Wisconsin. Durch schöne Reden und mit Hilfe von Whisky verkauften die Indianer bis 1809 riesige Gebiete davon an die Weißen.

Links: Lieutenant William Clark.
Rechts: Captain Meriwether Lewis.

Präsident Jefferson war der Initiator
der Lewis-Clark-Expedition quer
durch den Kontinent bis zum Pazifik.
Die Führer dieses Forschungsunter-
nehmens sollten nicht nur neue Gebiete
für die Trapper ausfindig machen,
sondern auch die Quelle des Missouri
finden, einen Wasserweg zum Pazifik
ergründen und genaue Beobachtungen
über die durchzogenen Gebiete anstel-
len.

Der Citadel Rock am oberen Missouri,
wie ihn Lewis und Clark gesehen
haben (Carl Bodmer).

Im November 1805 erreichten sie den Pazifik. Auf dem Rückmarsch (1806) trennten sich Lewis und Clark, um sich an der Mündung des Yellowstone wieder zu treffen. Nach vielen Abenteuern erreichte die Expedition am 23. 9. 1806 St. Louis, den Ausgangspunkt ihrer Reise durch den Kontinent (Frederic Remington).

Nach großen Anstrengungen ließ die Expedition die Rocky Mountains hinter sich. Hier traf man auf die freundlichen Flathead-Indianer, die ihnen Lebensmittel und Unterkunft gewährten (Gemälde von Charles M. Russell).

Oben links: Im Nordwesten spielte sich nach 1812 nochmals eine Tragödie ab. Die Ebenen südlich der großen Seen waren ein begehrtes Farmland. Reservationen gab es für die Rothäute hier noch nicht, folglich beschloß man 1825, sie über den Mississippi abzuschieben, darunter war auch der Stamm der Sauks. Bis 1831 konnte sich Black Hawk (Bild) in den alten Jagdgründen halten. Als dann aber 1500 Mann von der Illinois-Miliz im Juni des Jahres gegen ihn vorrückten, mußte er über den Mississippi fliehen. Black Hawk kehrte am 6. 4. 1832 mit 1000 Anhängern, darunter 600 Frauen und Kinder, über den Fluß zurück. Er war überzeugt, daß die Amerikaner seine friedlichen Absichten anerkennen würden. Die Siedler verbreiteten aber sofort die unsinnigsten Gerüchte über das Vorhaben der Rothäute. Annähernd 1300 Grenzer trieben sie vor sich her. Am 19. 6. 1832 nahmen über 4500 Mann die Verfolgung nach kurzer Pause wieder auf. Die ausgehungerten Indianer konnten sich bis zum Mississippi durchschlagen, an ein Entkommen war jedoch nicht mehr zu denken. Angesichts dieser Lage bot Black Hawk die Übergabe an, aber man metzelte seine Leute ohne Erbarmen nieder. Nur 150 von 1000 überlebten das Massaker von Bad Axe, unter ihnen Black Hawk.

Oben rechts: Tecumseh, dem Shawnee-Indianer, gelang es ebenfalls nicht, die Indianerstämme zu vereinigen, um dem Vordringen der Weißen im Nordwesten Einhalt zu gebieten.

Links: Auch die Seminolen in Florida ereilte dasselbe Schicksal. Im Jahre 1821 trat Spanien Florida an die USA ab. Daraufhin erhielten die Seminolen eine Reservation am Okeechobee-See. Nach 1833 sollten sie wieder weiterziehen, und ein Teil des Stammes unterschrieb auch einen betrügerischen Vertrag über die Abtretung ihres Gebietes. In ihrem Häuptling Osceola (Bild) fanden sie einen Führer, der sich lange Zeit mit Erfolg zur Wehr setzte. Als aber 1842 der Krieg zu Ende ging, war der Osten frei von Indianern. Alle Rothäute lebten westlich des Mississippi-Missouri. Dieses Land sollte ihnen gehören, solange »die Bäume wachsen und das Wasser fließt«.

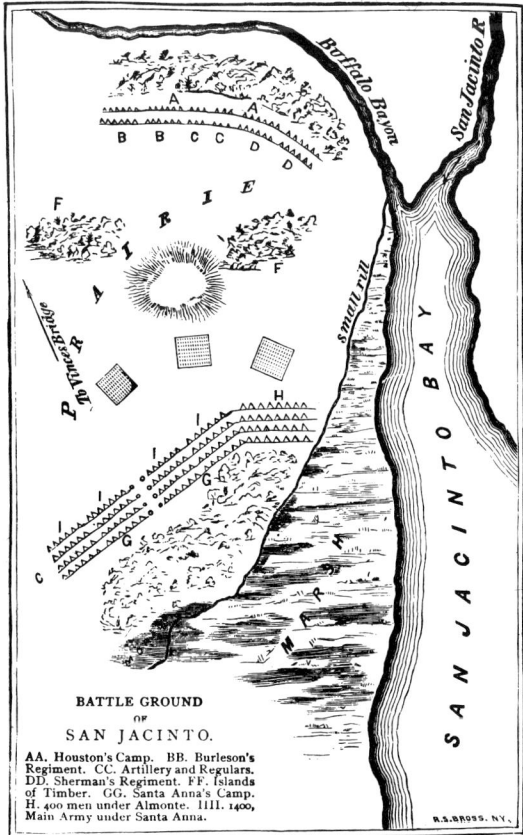

*Erstürmung des Alamo durch die
mexikanischen Truppen unter dem
Präsidenten und General Antonio
López de Santa Anna.*

*Am 21. 4. 1836 stellte sich Sam Hou-
ston am San Jacinto den Mexikanern
unter Santa Anna zur Schlacht. Der
Sieg war in wenigen Minuten entschieden. Santa Anna geriet in Gefangenschaft. Texas war damit unabhängig
bis zum Eintritt in die Vereinigten
Staaten.*

In dieser Situation rafften sich plötzlich die Nordwest-Indianer auf, um dem Vordringen der Weißen und den für sie verderblichen Sitten für immer Einhalt zu gebieten. Unter der Führung von Tecumseh, einem Shawnee-Indianer, und dessen Bruder Tenskwautawa nahm die Bewegung ihren Anfang. Tecumseh versuchte, seine Stammesbrüder politisch zu einigen, während sein Bruder eine religiöse Erweckungsbewegung ins Leben rief.

Sie erreichten tatsächlich, daß die Indianer kein Stück Land mehr verkauften, sogar daß sie nicht mehr tranken und wieder zu ihrer alten indianischen Kleidung zurückkehrten. Tecumseh besuchte seit ungefähr 1807 alle benachbarten Stämme, um sie gleichfalls davon zu überzeugen, daß ein großes indianisches Reich geschaffen werden müsse, das als letzte, unverlierbare Grenze den Mississippi hätte. Er hatte in aller Klarheit erkannt, daß für die Indianer alles verloren wäre, wenn die Amerikaner erst einmal den Mississippi überschritten hätten. Es dauerte Jahre, um die einzelnen Stämme zu besuchen, und nicht überall schenkte man seinen Worten Gehör, denn die Indianer weit jenseits des großen Flusses verstanden seine Sorgen nicht.

Im Jahre 1808 gründeten die Brüder an der Mündung des Tippecanoe in den Wabash eine Siedlung. Das ganze Grenzgebiet geriet daraufhin in große Aufregung. Sahen die Weißen darin tatsächlich eine ernsthafte Bedrohung? Diese Indianersiedlung stellte in Wahrheit jedoch keine wirkliche Gefahr dar, denn in dem riesigen Gebiet zwischen den großen Seen, dem Mississippi und dem Ohio lebten zu dieser Zeit höchstens 4000 Krieger, dagegen aber nahezu 300 000 Weiße. Der Gouverneur des Indianer-Territoriums, Henry Harrison, war sicherlich überzeugt, daß Tecumseh keinen Krieg wollte, aber er handelte wie alle Weißen diplomatisch unklug. Er war es, der schließlich den Stein ins Rollen brachte. Mit nicht gerade vertrauenswürdigen Indianern schloß er am 30. 9. 1809 einen Vertrag über weitere Landabtretungen ab, und damit schob er die Grenze der Weißen bis auf 50 Meilen an das Indianer-Lager heran. Für Tecumseh gingen wertvolle Jagdgründe verloren. Er verlangte mit vollem Recht, diese Verträge für ungültig zu erklären! Seine jungen Krieger waren inzwischen immer unruhiger. Der Häuptling beschwor sie, sich zurückzuhalten, doch deren Zorn und wilde Rachegelüste waren längst nicht mehr zu zügeln. Sie verübten immer häufiger einzelne Überfälle auf die weißen Siedler. Das war Anlaß genug für den Gouverneur, unter Billigung des Kriegsministeriums mit etwa eintausendeinhundert Soldaten das Wabashtal heraufzumarschieren, und am 6. 11. 1811 errichtete er dicht bei Tippecanoe sein Lager. Harrison war fest entschlossen, es zum Kampf kommen zu lassen, notfalls die Indianer herauszufordern! Häuptling Tecumseh befand sich im Norden, um die Iowas für seine Sache zu gewinnen. Tenskwautawa, sein Bruder, wollte jedoch inzwischen die einmalige Chance nicht vorübergehen lassen, die Streitmacht der Weißen zu vernichten. Annähernd sechstausend Indianer umzingelten noch am gleichen Abend das Lager, schoben sich lautlos immer näher und griffen in den frühen Morgenstunden des 7. 11. 1811 an. Trotz anfänglicher Überraschung gelang es ihnen nicht, die Amerikaner zu überwältigen oder gar zu vernichten. Die Indianer fochten äußerst mutig und mit wilder Entschlossenheit, aber wie fast in allen Schlachten, wiederum nur als Einzelkämpfer. Eine direkte Zusammenarbeit mit den übrigen Kriegern bestand nicht. Nach zwei Stunden war alles vorüber. Die Soldaten hatten 61 Tote und 127 Verwundete, die Angreifer wahrscheinlich nur 25–40 Mann.

Die Verlierer flohen in ihre alten Stammesgebiete zurück. Tecumseh konnte nichts mehr retten. Tenskwautawa hatte als Prophet ausgespielt. Als im darauffolgenden Jahr Krieg mit England ausbrach, befand sich Tecumseh in englischen Diensten und befehligte die indianischen Hilfstruppen. Am 5. 10. 1813 kam es am Thamse-River unter dem britischen Generalmajor Henry A. Proctor zur Schlacht, in der Tecumseh fiel.

Die Indianer hatten einen ihrer größten Führer verloren. Sie zogen sich weiter zurück oder wurden über den Mississippi getrieben, einige wanderten nach Kanada aus. Ihre Vertreibung erfolgte unter tragischen, menschenunwürdigen Umständen.

Einige Stämme und deren Häuptlinge setzten sich jedoch weiter zur Wehr, darunter das Halbblut Red Hawk oder William Weatherford von den Creeks. Anfänglich verhielt er sich neutral, aber wie so oft ließen sich seine jungen Krieger nicht mehr zügeln, und wieder begannen sie mit wilden Überfällen. Die

amerikanische Regierung entsandte daraufhin den bekannten General und späteren Präsidenten der USA, Andrew Jackson, zur Niederschlagung des Aufstandes. Die Creeks, deren Heimat Georgia war, zogen sich in die undurchdringliche Wildnis von Florida zurück. Ihr Widerstand hielt nicht lange vor. Andrew Jackson, ein unnachgiebiger Indianer-Krieger, schlug sie, wo er sie traf. Am 9. 8. 1814 unterzeichnete Red Hawk, erschöpft und gedemütigt durch die vielen Niederlagen, bei Fort Jackson einen Vertrag mit den Weißen, wodurch seine Jagdgründe für immer verlorengingen. Die Creeks gehörten von nun an mit den Cherokeesen und weiteren drei Stämmen zu den fünf »zivilisierten« Nationen. Das aber half ihnen nichts. Auch sie mußten später, wie viele andere ihrer Brüder, über den Mississippi. Andrew Jackson kämpfte weiter gegen die Seminolen, die in dem zu Spanien gehörenden Teil von Florida saßen. Auch nach Beendigung des Krieges mit England standen sie weiterhin auf deren Seite. Drangen Siedler in das den Creek-Indianern abgenommene Gebiet vor, fielen Seminolen über diese her und nahmen deren Skalps. Andrew Jackson marschierte daraufhin 1817 mit Tennessee-Miliz in das Gebiet ein, verletzte dabei spanisches Hoheitsgebiet und verfolgte die Seminolen von nun an unerbittlich. Eine Reihe von Dörfern fiel zwar der Zerstörung anheim, aber der hartnäckige Kampf zog sich mit List und Betrug bis zum Jahre 1842 hin. Die Folge war, daß dieser Stamm zuletzt nur noch wenige Überlebende hatte. Wie furchtbar die Kämpfe tobten, beweist sich darin, daß die Amerikaner mehr als 1500 Tote beklagten und die Regierung für den Unterdrückungskampf ca. 20 Millionen Dollar ausgab.

Als Präsident der Vereinigten Staaten von 1829–1837 kam die Haltung von Andrew Jackson als typischer Vertreter des Westens voll zum Ausdruck. In dieser Zeit schloß man mit den Indianern insgesamt 94 Verträge über die Abtretung von mehreren Millionen Acres. Dabei wurden Tausende von Indianern mit brutaler Gewalt über den Mississippi getrieben. Wohl leisteten einige Stämme Widerstand, der aber durch die Überlegenheit und Feuerkraft der Weißen rasch gebrochen wurde. Besonders hartnäckig weigerten sich die Cherokeesen. Ende des 18. Jahrhunderts hatten sie bereits ihre alten Jagdgründe verlassen und waren in das Gebiet im Nordwesten von Georgia gezogen. Durch einen feierlichen Vertrag war ihnen dieser Raum zugesichert worden. Sie paßten sich außergewöhnlich gut den Lebensgewohnheiten der Weißen an und galten überall als vorbildlich. Die Cherokeesen glaubten endlich Ruhe gefunden zu haben. Als jedoch 1829 in ihrem Gebiet Gold entdeckt wurde, gab es für die weißen Siedler kein Halten mehr. Schon lange hatte man gierig auf das Indianer-Land geschaut. Einige Cherokeesen ließen sich bestechen und verkauften einen Teil ihrer Landstriche gegen Bruchstücke des Indianer-Territoriums und fünf Millionen Dollar. Bis Dezember 1838 blieben die Cherokeesen im Land, bis sie schließlich mit Gewalt nach Oklahoma vertrieben wurden. Dieser Zug ging als Marsch des Grauens in die Geschichte ein. Die Cherokeesen nannten den Marsch der Tausend Meilen »Weg der Tränen«.

Gegen Ende der Regierungszeit von Präsident Andrew Jackson hatte man für nahezu alle Indianer Vorsorge getroffen, die noch im östlichen Teil der USA lebten, d. h. westlich einer »ständigen« Grenze. Diese Linie ging vom Lake Superior durch Wisconsin und Iowa, dann weiter entlang der westlichen Grenze vom Mississippi und Arkansas bis zum Red River. Um Streitigkeiten und Kämpfe zwischen Amerikanern und Indianern zu vermeiden, wurden Militärstützpunkte errichtet. Kavallerie und berittene Infanterie sollten dafür Sorge tragen, daß beide Rassen getrennt voneinander lebten. Diese Linie war als bleibende oder »ständige« Grenze gedacht. Doch schon nach 20 Jahren sprach niemand mehr davon.

Nicht nur der Westen wurde erobert und erschlossen, sondern auch der Südwesten. Bisher strömten die Pioniere in die Ebenen oder Prärien von Illinois und Iowa oder sie folgten dem Oregon-Trail nach dem fernen Nordwesten. Andere stießen seit längerem bis zur Küste von Texas vor, das wie Kalifornien und New Mexico zu Mexiko gehörte. Für die amerikanischen Einwanderer sollte sich als günstig erweisen, daß die Verbindung dieser Provinzen zu Mexiko äußerst locker war und nur sehr wenige Menschen dort lebten. Am meisten wurden die Amerikaner aber von der »Stadt« Santa Fe im heutigen New Mexico angezogen. Bereits seit Jahren zogen bewaffnete Karawanen ameri-

Links: Die Comanche-Indianer streiften ungehindert in dem riesigen Gebiet von Texas umher und überfielen ständig die hier weit voneinander lebenden 4000 spanischen Siedler. Wie konnte Mexiko, zu dem Texas gehörte, sich gegen die Indianer schützen? Woher konnten weitere Siedler kommen? Die Vereinigten Staaten lagen am nächsten, also warb man Siedler dort an. Moses Austin plante 1820, sich mit 300 Familien in Texas niederzulassen. Als er ein Jahr später starb, übernahm sein Sohn *Stephan F. Austin* (Bild) die Aufgabe der Besiedlung von Texas durch Amerika.

Rechts: Wie nicht anders zu erwarten war, sahen die Mexikaner zu spät die Gefahr, die ihnen durch die amerikanischen Einwanderer drohte. Die Einwanderer verhielten sich zwar loyal gegenüber Mexiko, aber verschiedene gegen sie gerichtete Maßnahmen ließen es zu einem Aufstand der Texaner kommen. Zu den ersten Aufrührern gehörte *Colonel William B. Travis* (Bild), der später Alamo befehligte und dort fiel.

Links: James Bowie (1796–1836) kam 1828 nach Texas. Er schloß sich den Aufständischen an und wurde Kommandant von Alamo. Er mußte wegen Krankheit diese Stellung jedoch wieder aufgeben. Als die Mexikaner am 6. 3. 1836 Alamo stürmten, verteidigte sich James Bowie mit Pistolen und dem Messer, ehe er, von Bajonettstichen durchbohrt, starb. Berühmt wurde er durch das von ihm entworfene Messer. Es war ungefähr 35 cm lang und 5 cm breit. James Bowie konnte während einiger Streitigkeiten, die für den anderen meistens tödlich endeten, beweisen, wie gefährlich sein Messer war. Das Bowie-Messer setzte sich in ganz Amerika durch.

Mitte: Santa Anna, ein barbarischer Schlächter der Texaner und Amerikaner während des Aufstandes von 1836. Er ließ, als Alamo durch ihn belagert wurde, die rote Flagge hissen, was nach spanischer Sitte bedeutete, daß keine Gefangenen gemacht würden.

Rechts: Im März 1836 wurde nach Erklärung der Unabhängigkeit von Texas Sam Houston (Bild) zum Oberbefehlshaber der Streitkräfte ernannt. Er mußte sich nach dem Fall von Alamo nach Osten zurückziehen, um in der gewonnenen Zeit seine kleine Streitmacht militärisch auszubilden und zu drillen.

kanischer Kaufleute über den Santa Fe-Trail, um Waren zu verkaufen und Silber und andere kostbare Güter zurückzubringen.

Obgleich Mexiko nicht daran dachte, Texas an die USA zu verkaufen, förderte es eigenartigerweise die Einwanderung der Amerikaner. »Eroberer« dieses riesigen Gebietes war Stephen F. Austin, der mit seinem Vater 1819 dorthin gekommen war. Die von ihm errichtete Siedlung galt als vorbildlich. Er regierte mit autokratischer Strenge. Die Gesetze wurden peinlich genau beachtet und eingehalten. In den ersten Jahren kam man mit den Mexikanern gut aus, obwohl sie von den Amerikanern nicht gerade geschätzt wurden. Allerdings, bei dem hochmütigen Stolz der Mexikaner konnten auf die Dauer Streitigkeiten nicht ausbleiben. Außerdem hatten die Amerikaner herzlich wenig Respekt vor einer Regierung, die im eigenen Land keine Ruhe und Ordnung halten konnte. Mexiko wurde immer wieder von Aufständen erschüttert. Entscheidend war aber, daß die ersten Siedler unter Austin allmählich ins Hintertreffen gerieten, denn die neuen Einwanderer gebärdeten sich lautstark, waren unberechenbar und brachten Unruhe in das Land. Zu ihnen gehörte James Bowie, von dem das gefährliche Messer stammte, ferner Davy Crockett, der als Kongreß-Abgeordneter Tennessee verlassen hatte. Die wichtigste Rolle jedoch sollte Samuel Houston spielen. Er hatte schon als junger Mann bei den Cherokeesen gelebt, dann unter Andrew Jackson gegen die Indianer gefochten, war sogar Gouverneur von Tennessee geworden, ging dann wieder zu den Cherokeesen und schließlich nach Texas.

Bereits im Jahre 1835 war es zum ersten Zusammenstoß gekommen. Der Präsident von Mexiko, Santa Anna, erließ am 30. 12. 1836 eine neue Verfassung und hob darin die den Staaten eingeräumten Rechte wieder auf. Die Amerikaner gingen zum offenen Aufstand über und verjagten kurzerhand die mexikanischen Soldaten. Es fielen ihnen San Antonio und das Fort Goliad in die Hände. Die Gegenreaktion der Mexikaner ließ nicht lange auf sich warten. Santa Anna kehrte mit 7500 Mann zurück. Sein Ziel war San Antonio, wo sich die Amerikaner in der verlassenen Mission von Alamo verschanzten. Am 23. 2. 1836 lagen die Mexikaner vor dem Fort. Die 182 Verteidiger unter Colonel William B. Travis kapitulierten trotz gewaltiger Übermacht nicht. 13 Tage lang rannten die Belagerer gegen die Mauern an. Endlich gelang es am 6. 3. 1836 nach dreimaligem Sturm, die Verteidiger bis auf den letzten Mann – einschließlich der Verwundeten – niederzumachen! Die Mexikaner hatten ungefähr 1600 Gefallene zu begraben! Goliad folgte als zweite Niederlage für die texanischen Amerikaner. Hier begingen die Mexikaner eindeutig kaltblütigen Mord!

Im Süden von Alamo marschierten 350 Texaner unter James W. Fannin auf Matamoros zu, um sich, nach dem Fehlschlagen dieses Planes, mit der inzwischen von Sam Houston gebildeten Armee zu vereinigen. Am 19. 3. 1836 lagerte die kleine Streitmacht am San Antonio River in der Nähe von Goliad, als sie von einer größeren Einheit der mexikanischen Armee umzingelt wurde. Fannin richtete sich auf die Verteidigung ein, war aber davon überzeugt, daß weiterer Widerstand sinnlos wäre. Er verhandelte mit den mexikanischen Anführern und kapitulierte unter ehrenhaften Bedingungen. Seine Truppen wurden von den Mexikanern nach Goliad überführt. Hier nahm man ihnen am 27. 3. 1836 ihre Decken ab, ließ sie in Dreierreihen vor die Stadt marschieren und schoß sie bis zum letzten Mann kaltblütig nieder. (333 Mann wurden ermordet.)

Die junge Republik Texas mit der Einstern-Flagge, die sich seit dem 14. 11. 1835 quasi selbständig gemacht hatte, erhielt nun Zulauf von Männern aus allen Teilen der Staaten, die die Armee unter Sam Houston verstärkten. Noch befand sich diese Armee auf dem Rückzug nach dem Osten des Landes. Während des Marsches bildete Houston seine Streitmacht unermüdlich weiter aus, um den gut gerüsteten Mexikanern endlich widerstehen zu können. Am 21. 4. 1836 war es dann soweit. Mit insgesamt 783 Mann erwartete er Santa Anna, der 910 Soldaten befehligte, in der Prärie westlich des San Jacinto-River. Am folgenden Tag stießen weitere 500 Mann zu den Mexikanern. Um die Mittagsstunde stürmten die Amerikaner mit dem Ruf »Denkt an Alamo« gegen die »Unbesiegbaren« an. Innerhalb von 20 Minuten waren die Mexikaner geschlagen. Sie verloren 630 Mann durch den Tod. Die restliche Streitmacht, darunter Santa Anna, geriet in Gefangenschaft. Die siegreichen Texaner hatten 6 Gefallene und 25 Verwundete zu beklagen. Damit war Texas frei und seit dem 2. 3. 1836 ein unabhängiger Staat.

Die große Zeit der Pioniere

anta Fe, eine kleine sonnendurchglühte Stadt in New Mexico, zog die Amerikaner wie ein Magnet an. Obwohl Santa Fe nur ungefähr 3000 Einwohner zählte, war es Mittelpunkt für nahezu 40 000 Mexikaner, die hier ihren Handel trieben und besonders für die Waren großes Interesse zeigten, die in Mexiko nicht hergestellt wurden. Die Mexikaner boten dafür Gold, Silber und Pelze als Zahlung an. Es nahm deshalb nicht wunder, daß die Händler im Mississippi-Tal zu Beginn des 19. Jahrhunderts ihre Blicke auf diesen geschäftsträchtigen Landstrich richteten. So entstand der berühmte Santa Fe-Handel, und über 20 Jahre holperten und mahlten die Räder der schwer beladenen Wagen Tausende von Kilometern zwischen dem Missouri und Santa Fe, um die begehrten Schätze abzuholen. In dieser Zeit entdeckten die Amerikaner aber auch, daß der Einfluß und die Macht Mexikos doch recht schwach waren. Die Folge war, daß auf den von den Händlern benutzten Trails bald Siedler oder Pioniere dahinzogen, um sich in den Südweststaaten niederzulassen.

Ein Mountain-Man mit seinen Pferden.

49

Zuerst waren es die Pioniere, die den mühsamen Weg nach Santa Fe bahnten. Zu Beginn des 19. Jahrhunderts versuchten mehrere Händler, nach Santa Fe zu gelangen, obwohl fremden Kaufleuten das Betreten verboten war. William Becknell verdiente sich mit seiner Expedition hierbei den Titel »Vater des Santa Fe-Handels«. Mit kaum mehr als 20 Männern zog er am 1. 9. 1821 nach Westen. Durch die Plains, wo Tausende von Büffeln grasten, ging es am Arkansas-River vorbei. Dann zog er weiter zum Raton-Paß, wo alleine zwei Tage vergingen, um die Felsen beiseite zu räumen, damit die Pferde durchkamen. Als man auf mexikanische Soldaten stieß, schien ihnen das Schicksal der früheren amerikanischen Händler zu blühen: Sie waren ins Gefängnis geworfen worden. Aber Becknell wurde freundlich empfangen, denn Mexiko hatte inzwischen seine Unabhängigkeit errungen. Sofort marschierte Becknell nach Santa Fe, wo er seine Waren gegen mexikanische Silberdollars eintauschte.

Schon zwei Wochen nach dieser ersten erfolgreichen Expedition erreichte am 1. 12. 1821 die nächste Wagenkarawane Santa Fe, dicht gefolgt von zwei weiteren. Diese drei Gruppen schufen wohl den Santa Fe-Trail, aber noch mußte eine einigermaßen befahrene Strecke auf der Karte festgelegt werden. Becknell tat seinem Titel alle Ehre an, als wiederum von Franklin am 22. 5. 1822 drei schwerbeladene Wagen mit 21 Mann loszogen. Da er wußte, daß es nahezu unmöglich war, mit den großen, schweren Wagen den beschwerlichen und steilen Pfad nach dem Raton-Paß zu bezwingen, ging es dieses Mal nach Überquerung des Arkansas-River in Richtung Süden und Westen. Dieser Weg führte geradewegs durch die schreckliche Cimarron-Wüste, wo alkalihaltiger Staub die Männer entsetzlich quälte und die Maulesel fast in Panik ausbrachen. Nach 20 qualvollen Tagen erreichte die Karawane San Miguel östlich von Santa Fe. Becknell aber hatte bewiesen, daß es möglich war, mit den Wagen die Plains zu durchqueren. Dieser neue Trail wurde in Zukunft von den anderen Händlern und Pionieren lieber benutzt als der über den gefährlichen Raton-Paß.

Die nächste Frage war, wie man sich gegen die immer häufiger angreifenden Indianer schützen konnte. Man stellte deshalb große Trecks zusammen, um die Angreifer besser abzuwehren. Am 25. 5. 1824 verließen 25 Wagen den Missouri, die von 81 Mann begleitet wurden. Ohne Schwierigkeiten kamen sie am 28. 7. 1824 in Santa Fe an. Seither gingen regelmäßig zwei Trecks im Sommer nach Santa Fe, und nach 1826 zogen sogar die Mexikaner in entgegengesetzte Richtung.

Es dauerte nicht lange, bis die Politiker auf die neue Lage aufmerksam wurden, besonders jene im Staat Missouri. Im Jahre 1825 verließen deshalb 3 Beauftragte mit 33 erfahrenen Grenzern die Ansiedlung Franklin, um mit den längs des Trails lebenden Indianern Friedensverträge zu schließen. Weiterhin wollte man den Trail genauer markieren und verbessern. Geld und andere Geschenke wurden an die Osage- und Kansa-Indianer verteilt, damit sie Frieden hielten. Die Vermessungen und Ausbesserungen dauerten bis 1827, aber erreicht hatte man nicht viel. Die Indianer hielten sich wohl etwas zurück, aber weiterhin gefürchtet blieben die Comanches und Kiowas. Außerdem benutzten die Pioniere nicht die neue ausgewählte Route südlich der Wüste.

Mit welchen Wagen zogen die Männer durch die Plains? Es waren die berühmten »Murphy waggons«, die in St. Louis hergestellt wurden, große, schwerfällige Transportmittel, um die drei Tonnen Ladung zu schützen. Die riesigen, klobigen Wagen wurden von zehn bis zwölf Mauleseln gezogen oder von drei bis vier gewaltigen Ochsen. Die Ochsen bewährten sich aber nicht. Einmal gab es für sie auf der Prärie nicht so viel Gras, zum anderen fanden sie oft auf dem rauhen Trail keinen Halt, so daß im Laufe der Zeit der Santa Fe-Trail mit ihren Skeletten markiert war. Die Maulesel überstanden die Strapazen besser.

Jede Wagenkolonne hatten ihren »Captain«, einen erfahrenen Plainsman, sowie vier »Lieutenants«, die die vier Kolonnen befehligten, in welche die Wagen aufgeteilt wurden. Entdeckte der vorausreitende Scout Indianer, und drohte von ihnen Gefahr, formierte sich die Karawane zu vier parallelen Kolonnen. Griffen die Rothäute an, bildete man schnell ein Viereck, in dessen Innern sich die Tiere und die Männer zur Verteidigung aufhielten. Diese Wagenfestung hielt fast jedem Angriff stand. Interessant ist, daß

»Zeltlager in der Prärie« von George Catlin.

»The Blackfeet« von Alfred Jacob Miller (1810–1874).

»Sunrise, Trappers and Voyageurs At Their Meals of Buffalo Hump Rib« von Alfred Jacob Miller.

»Breaking Trail To Escape From Indians« von Alfred Jacob Miller.

diese Art des Marschierens und der Verteidigung ein wesentlicher Beitrag des Santa Fe-Trails für die Eroberung des Westens bildete, denn die Pioniere übernahmen später dieses Verfahren.

Nach einem langen, beschwerlichen und erschöpfenden Marsch erreichten die Karawanen als erstes Ziel Las Vegas, damals noch ein kleines Dorf, und schließlich San Miguel am Pecos-River. In Santa Fe mußte nun mit dem Zoll verhandelt werden. Von Jahr zu Jahr variierte dieser je nach Laune der Zollbeamten und des Gouverneurs. Bestechungen waren an der Tagesordnung. Die Verhandlungen dauerten meistens eine Woche. Trotzdem war der Gewinn enorm. So verkauften die Händler z. B. 1824 einen Warenwert von 30 000 $ für 190 000 $.

Schlimm waren die Angriffe der Indianer, denn die langen Wagenzüge bildeten eine zu große Versuchung für die Rothäute. Folglich suchte man beim Gouverneur um militärischen Schutz gegen die »Wilden« nach. Im Jahre 1829 begleitete Captain Bennet Riley mit 170 Soldaten von Fort Leavenworth aus einen Wagenzug auf dem Weg nach Santa Fe. Am Arkansas-River, der Grenze zwischen den USA und Mexiko, warteten die Truppen auf die Rückkehr der Karawane. Kaum aber waren die 38 Wagen allein losgezogen, als auch schon die Indianer angriffen. Sofort überschritten die amerikanischen Soldaten die Grenze. Es zeigte sich jedoch, daß die Infanteristen den berittenen Rothäuten völlig unterlegen waren, woraus die amerikanische Armee für die Zukunft lernte, daß man in den Plains nur Kavallerie einsetzen durfte. Später kamen Dragoner hinzu, die noch beweglicher waren. Gegen die Indianer konnte man sich somit noch verteidigen, aber nicht gegen die Hindernisse, die jetzt die Mexikaner den Amerikanern bereiteten. Die politischen Wirren in Mexiko machten die Lage von Monat zu Monat unübersichtlicher, so daß der Handel bald zum Erliegen kam. Im Jahre 1843 fanden nur noch wenige den Weg nach Santa Fe. Die Händler hatten aber den Trail für die nachfolgenden Siedler geebnet und ihnen gezeigt, wie man mit den riesigen, schweren Wagen die Plains durchquert und sich am besten gegen die Indianer schützt. Eine weitere Erfahrung lehrte, daß Mexiko seine nördlichen Provinzen nicht fest in Händen hatte. So konnte es nicht ausbleiben, daß die spätere Eroberung durch die Nordamerikaner unvermeidlich wurde, denn ihre Blicke richteten sich immer begehrlicher auf diese Provinzen.

Während Texas und die nordmexikanischen Provinzen langsam erschlossen wurden, erkundeten die Pelzhändler die Wege nach dem Fernen Westen. Ihre glorreiche Zeit war zwar nur kurz, von 1820 bis Anfang 1840. Aber in diesen Jahren öffneten sie das Land den Siedlern. Sie verbreiteten das Wort über den Reichtum im Westen, erforschten Wege über die Bergketten, erkundeten fruchtbare Täler und brachen den Willen der dort lebenden Indianer, indem sie diese an Feuerwaffen und Alkohol gewöhnten. Als ihre Zeit vorüber war, war der Westen bereit für die Pionier-Farmer.

Die Trapper oder Mountain Men drangen nach 1820 in das Land ein, wo die Biber noch zu Tausenden lebten. Ihre Ausgangspunkte waren einmal Taos im nördlichen New Mexico, von dort ging es ostwärts längs des Pecos und nach Westen durch das Gila-Tal. Zu den bekanntesten Männern gehörten Ewing Young, Céran St. Vrain und George C. Yount, sowie der berühmteste unter ihnen, James Ohio Pattie. Sie stießen bis in den Süden nach Kalifornien vor. Schon nach wenigen Jahren gab es hier keine Biber mehr. Der zweite Weg in das Biber-Gebiet nahm bei Fort Vancouver im Nordwesten seinen Ausgang. Die Engländer hatten es 1824 errichtet. Seit der Expedition von Lewis und Clark hatten schon viele Trapper versucht, dort zu jagen, aber erst mit der Gründung amerikanischer Pelzgesellschaften begann die Blütezeit. Die ersten Pioniere unter Jedediah Strong Smith überquerten die gewaltigen Rocky Mountains über den Südpaß, der den Weg nach Westen wies. Smith fand den nach Süden fließenden Green River, wo sich unzählige Biber tummelten. Im Jahre 1825 erfand Ashley das sogenannte »Rendezvous-System«, das bis zum Schluß den Pelzhandel beherrschte. Die Trapper, die stets nur in kleinen Gruppen die Biber fingen, versammelten sich in jedem Jahr an einem bestimmten Ort, um ihre Fänge gegen die täglichen Bedürfnisse einzutauschen.

Jedediah Smith, der auf seinen Entdeckungsreisen den Colorado- und Gila-River erforschte, nach Kalifornien und Vancouver vordrang, gilt als der erfahrenste und abenteuerreichste Trapper des Westens. Im Jahre 1830 zog er sich, wohl müde von den Strapazen, aus dem Pelzhandel zurück. Als seine Nachfolger erreichten Thomas Fitzpatrick, James Bridger und Milton Sublette große Berühmtheit.

St. Louis am Mississippi. Von hier aus setzten sich die Karawanen nach Santa Fe in Marsch.

Ein Wagenzug für Santa Fe wird zusammengestellt.

Ankunft der Karawane in Santa Fe.

Santa Fe, das ersehnte Ziel der amerikanischen Händlerkarawanen.

Ihnen allen gebührt das Verdienst, die Techniken entwickelt zu haben, um den Pelzhandel zu seinem Höhepunkt zu führen. Sie riefen auch die freien Trapper oder Mountain Men ins Leben, die sich durch noch größere Rücksichtslosigkeit auszeichneten. Ihr Leben verbrachten sie fast ausschließlich in den Bergen. Hier waren sie ihre eigenen Herren, hier galten nur ihre eigenen Gesetze. Nur einmal im Jahr hatten sie Kontakt zur Außenwelt oder zur Zivilisation, wenn sie sich am »Rendezvous«-Platz trafen. Sie haben den Fernen Westen erforscht. Als Pfadfinder und Entdecker neuer Trails sind sie in die Geschichte eingegangen. Sie gaben auch das Beispiel, wie sich Menschen vollkommen und absolut ihrer Umgebung anpassen können.

Ihre Tätigkeit begann im zeitigen Frühling. Ende Juni zogen sie aus allen Himmelsrichtungen zum berühmten »Rendezvous«, wo sich oft mehr als 600 Trapper und vielleicht ebenso viele Indianer trafen, um die »Rocky Mountain Fair« zu feiern. Es wurde tagelang gehandelt und gekauft, aber auch Alkohol und Frauen spielten eine große Rolle. Am Ende war ihr Verdienst zerronnen, oft genug auch von ihren Einkäufen nicht mehr viel geblieben. Sie zogen wieder in die Wildnis, denn im Herbst ging es nochmals auf Biberfang, solange, bis die Flüsse zufroren. Während des Winters hielten sie sich entweder bei den Indianern auf, da die meisten mit einer indianischen Squaw lebten, oder sie hausten in einem geschützten Tal mit den Squaws. Ihr unbeschreiblich hartes Leben in der Wildnis war nicht nur einsam, sondern auch äußerst gefährlich. Sie paßten sich zwar mit dem Instinkt eines Naturmenschen ihrer Umgebung an, mußten aber trotzdem in jeder Minute auf der Hut sein. Indianer wie die Blackfeet töteten ohne zu zögern jeden Weißen. Die Mountain Men hatten die Zivilisation längst so weit hinter sich gelassen, daß sie nicht nur mit den Indianern auf einer Stufe lebten, sondern auch in ihrer Wildheit teilweise noch schlimmer als diese waren. Es kam sogar vor, daß sie im Winter, wenn der Hunger gnadenlos wurde, ihre eigenen Squaws verspeisten! Schon rein äußerlich konnte man sie von den Rothäuten kaum mehr unterscheiden. In den Kämpfen mit den Indianern wandten sie die gleichen Schliche wie diese an. Diese endeten meistens im blitzschnellen Handgemenge. Ihre Messer und Tomahawks waren von tödlicher Treffsicherheit. Sie nahmen auch wie ihre Gegner Skalps. Es versteht sich, daß sie mit dem Gewehr wie keinesgleichen umzugehen verstanden.

Die Eßgewohnheiten der Mountain Men waren ebenfalls die gleichen wie die der Indianer. Sie aßen ganz einfach alles, was sich bewegte. Lagerhaltung kannten sie ebensowenig wie die Rothäute. Ihre Sprache glich denen der Indianer, ihre Gefühle gegenüber anderen unterschieden sich in nichts von ihren Gegnern. Empfinden gegenüber dem Feind war ihnen vollkommen fremd.

Ihre Freiheit dauerte aber nicht lange. Die großen Gewinne des Pelzhandels zogen viele Unternehmer im Osten der USA an. Im Jahre 1808 gründete John Jacob Astor die American Fur Company, die in schärfster Konkurrenz zur Rocky Mountain Fur Company unter Thomas Fitzpatrick stand. Der ersten Gesellschaft gelang es durch einen glücklichen Zufall, die Blackfeet-Indianer auf ihre Seite zu ziehen, um in deren Gebiet Biber fangen zu dürfen. Immer mehr Gesellschaften und Trapper strömten in die Rocky Mountains, so daß nun die Biber schnell ausgerottet wurden. Für die Indianer war damit der Zeitpunkt gekommen, die Weißen aus ihren immer leerer werdenden Jagdgründen zu vertreiben. Ihre Lage war bereits äußerst bedrohlich geworden.

Es begann damit, daß die Trapper einen Indianerhäuptling im Streit grundlos niederschossen. Daraufhin machten sich beide Seiten das Leben noch schwerer. Im Jahre 1833 brachten die Mountain Men wenige Felle zum »Rendezvous«. Der Winter 1836/37 war so bitter kalt, so streng, daß ihn nur wenige Tiere überlebten. Um 1840 stellte die American Fur Company ihre Geschäfte ein, bis zum Schluß hart bedrängt von der viel erfolgreicheren englischen Hudson Bay Company. Der Pelzhandel aus dem Herzen der Rocky Mountains verlegte sich jetzt nach den Handelsstationen, wo man das ganze Jahr über handeln konnte. Auch boten diese Stationen Schutz vor den Überfällen der Indianer. Die wichtigsten Forts waren Fort Hall, Fort Laramie und Bent's Fort.

Wohl hatten die Mountain Men die Trails nach dem Fernen Westen geebnet, aber zur Massenwanderung in diese Gebiete fehlten noch viele Voraussetzungen. Es mußten tiefgehende Gründe vorliegen, damit die Menschen ihre Heimat im Osten oder an der Grenze aufgaben, um wieder ins Unbekannte vorzusto-

Links: Christopher (Kit) Carson (1809–1868) ist aus der Geschichte des Wilden Westens nicht wegzu-
denken. Seine Sporen verdiente er sich auf dem Santa-Fe-Trail. Anschließend ging er zu den Trappern und
im Jahre 1829 nach Kalifornien. Unterwegs bewies er seine großen Fähigkeiten als Scout und Kämpfer gegen
die Indianer. Nachdem die Biber ausgerottet waren, betätigte er sich als Büffeljäger. Als im Jahre 1845 Lieute-
nant John Charles Frémont eine Route nach dem Westen für die Siedler ausfindig machen sollte, wählte man
Kit Carson zum Führer. Später ließ er sich in New Mexico als Rancher nieder. Während des Bürgerkrieges
war er maßgeblich an der Vertreibung der Navahos beteiligt, obwohl er als Freund der Indianer galt. Hier
zeigte er sich nicht von seiner besten Seite.

Rechts: Céran St. Vrain, einer der ersten großen Trapper im Wilden Westen und Mitbegründer von Bent's Fort.

Als einmal ein Oregon-Pionier dem berühmten Mountain-Man *Joseph L. Meek* (Bild) begegnete, glaubte er, einen Indianer vor sich zu haben. Die Trapper und Mountain-Men lebten und gebärdeten sich in der Tat wie Indianer. Selbst der Tod berührte sie kaum. Ein Beispiel hierfür ist wiederum Meek. Während auf einer Büffeljagd ein Trapper in die Herde geriet und Meek ihn vom Tode retten sollte, meinte er nur lakonisch: »Was soll ich denn mit ihm, wenn er tot ist. Lieber lade ich Fleisch auf mein Pferd.«

Die Mountain-Men hatten sich auch in ihrem Äußeren dem roten Mann angeglichen, wie Frederic Remington es auf diesem Bild beweist. Der eine sagt zum anderen: ». . . habe ich dich doch tatsächlich für einen Indianer gehalten!«

ßen. Im Mississippi-Tal suchte man nach dem wirtschaftlichen Rückschlag des Jahres 1837 nach neuen günstigen Gelegenheiten. Oregon lockte! Es ging außerdem darum, daß jener Staat, der Oregon zuerst dichter besiedelte, auch dieses Gebiet endgültig in Besitz nehmen würde. Die Propaganda nahm mit den Jahren zu, der Sog wurde stärker, aber die ersten Versuche der Amerikaner schlugen sämtlich fehl, zumal die britische Hudson Bay Company mit Erfolg Schwierigkeiten bereitete. Als Mexiko im Jahre 1821 unabhängig wurde, öffneten sich für die Yankees die Häfen von Kalifornien, und es begann ein schwunghafter Handel mit Häuten und Talg. Im Laufe der Zeit setzten die Reeder Agenten ein, welche die Häute und den Talg in Lagerhäusern bis zur Ankunft des nächsten Schiffes stapelten. So entstanden die ersten amerikanischen Siedlungen in Kalifornien. Die Amerikaner verheirateten sich mit Mexikanerinnen, wurden reiche Rancheros und gewannen langsam Einfluß auf die Politik des Landes. Die Erzählungen der Seeleute und die Berichte der Rancheros erweckten mehr und mehr das Interesse der Menschen im Osten. Zwei reiche Rancheros halfen ganz besonders den Einwanderern: John Marsh und John A. Sutter, die beide im Sacramento-Tal siedelten. John A. Sutter sollte später noch großen Ruhm erwerben, der aber gleichzeitig seinen Ruin bedeutete. Sutter kam 1834 aus der Schweiz nach den USA. Nach vielen abenteuerlichen Wegen erreichte er im Juli 1839 Kalifornien, wo er unverzüglich eine Schiffsladung zu Geld machte. Am American-River, einem Nebenfluß des Sacramento, landete er mit acht Kanaken aus Hawaii, drei Weißen und einem Indianer. Sie bauten dort das gewaltige Fort Sutter mit Lager- und Werkstätten. In den 40er Jahren des 19. Jahrhunderts spielte er dann eine große Rolle für den Beginn der Besiedlung dieses fruchtbaren Landes.

Eine ähnliche Bedeutung erlangten die Missionare für Oregon, die den Indianern das Evangelium bringen wollten, ehe die Siedler diese ganz verdarben. Das Interesse der Missionen wurde geweckt, als die Indianer angeblich das »Buch des Himmels«, die Bibel des weißen Mannes, kennenlernen wollten. Die Methodisten entsandten Reverend Jason Lee zu den Flatheads in Oregon, wo er sich als erfolgreicher Kolonisator bewährte. Im Jahre 1834 kam er in Vancouver an, um am Willamette-River seine Zelte aufzuschlagen. Neben den Methodisten erschlossen die Presbyterianer mit Erfolg den Nordwesten. Bekannt wurden Reverend Samuel Parker und Reverend Dr. Marcus Whitman. Unter dem Präsidenten Andrew Jackson begann der Aufschwung. Er hatte erkannt, daß die Missionen, um weiterhin als Anziehungspunkt für die kommenden Siedler zu dienen, eine bessere Lebensgrundlage haben müßten. Man kaufte also Vieh in Kalifornien und trieb unter ungeheuren Schwierigkeiten 630 Stück bis nach Oregon. Als Jason Lee im Jahre 1838 eine Vortragsreise unternahm, brach endgültig das Oregon-Fieber aus. Durch die Krise von 1837 geängstigt, verließen daher viele Farmer ihre Höfe und zogen in das angeblich gelobte Land. Es waren aber nicht nur wirtschaftliche Gründe für die Erschließung von Oregon und Kalifornien maßgebend, sondern durchaus auch politische. Es bestand die Absicht, beide Territorien den Vereinigten Staaten anzugliedern. Um dies zu erreichen, mußte man zunächst an Bevölkerungszahl die Briten in Oregon und die Mexikaner in Kalifornien überflügeln.

Der Landhunger trieb die Menschen nach Westen. Solange hier noch jungfräulicher Grund und Boden zur Verfügung stand, konnte niemand die Menschen aufhalten. Im Jahre 1841 zog der erste Treck unter John Bidwell nach Kalifornien. Unterwegs schloß sich Thomas Fitzpatrick dem Zug an. Wo Kalifornien eigentlich lag, wußte man nicht allzu genau. Es mußte irgendwo im Westen sein. Nach fürchterlichen Strapazen erreichte der Zug die Ranch von John Marsh. Die Enttäuschung allerdings war groß. Ein Paradies fand man nicht vor.

Oregon zog die Siedler noch weit mehr an. Der erste Treck setzte sich 1842 in Bewegung, der nach monatelangem Marsch durch die Plains, Gebirge, Flüsse und Unwetter am Ziel ankam. Beide Trecks ebneten den Weg für die Massenwanderung im Jahre 1843, so daß die Indianer in den Plains ernsthaft glaubten, daß der Osten der USA entvölkert sein müßte. Im allgemeinen war der Oregon-Trail nicht so gefährlich wie der nach Kalifornien. Unverantwortliche Führer erkundeten jedoch neue Wege südlich vom

Fort Bridger Blacks' Fork of Green River.

Linke Seite oben: *John Colter* nahm an der Lewis-Clark-Expedition teil, als er auf dem Rückweg auf Trapper stieß, denen er
sich anschloß. Später gehörte er als freier Trapper der Organisa-
tion von Manuel Lisa an, der als erster den Pelzhandel im großen
Stil betrieb. In dieser Zeit hatte Colter eine blutige Begegnung
mit den Blackfeet-Indianern. Diese überfielen ein Crow-Dorf,
in dem er als Gast weilte. Mit seinem Gewehr half er, die Blackfeet
in die Flucht zu schlagen. Damit hatte er sie sich aber zu Feinden
gemacht. Im gleichen Jahr nahmen sie ihn und einen Begleiter
gefangen, den sie sofort umbrachten. Sie zogen Colter nackt aus
und ließen ihn einige hundert Meter vorlaufen, worauf ihn dann
500 Krieger jagten. Der erste, der ihn wieder einfing, sollte Colter
töten und skalpieren. Er ließ seine Verfolger zwar hinter sich zurück, aber ein Blackfeet holte den blutverschmierten Colter schließlich doch ein, als dieser sich plötzlich umdrehte und dem Indianer
den Speer aus der Hand riß und ihn blitzschnell tötete. Sieben
Tage irrte er umher, ehe er das nächste Fort erreichte. Die Blackfeet waren seitdem die geschworenen Feinde der Mountain-Men.

Rechts oben: Es gab keinen typischen Mountain-Man oder Trapper. Jeder war ein Individualist und fühlte sich in der zivilisierten
Welt nicht mehr wohl. Zu ihnen muß man besonders *James
(Jim) Bridger (1804–1881)* rechnen. Er war Analphabet, lebte
in der Gedankenwelt der Indianer und war äußerst abergläubisch.
Er besaß jedoch ein photographisches Gedächtnis wie kein anderer. Es gab nichts, was er nicht über den Westen wußte. Mit
18 Jahren schloß er sich den Trappern unter Colonel William
H. Ashley und Major Andrew Henry an. Schon damals zeigte es
sich, daß er der geborene Mountain-Man und Trapper war. Mit
noch nicht 30 Jahren führte er große Trapper-Expeditionen an.
Als sich Jim Bridger aus dem Pelzhandel zurückzog, mußte er
sich nach einem neuen Lebensunterhalt umsehen. Er hatte die
Idee, einen Handelsposten am Oregon Trail zu errichten. Diesen
baute er im Südwesten von Wyoming, wo die Pioniere nach ihrem
beschwerlichen und gefährlichen Marsch Rast halten und ihre
Vorräte ergänzen konnten. Er erteilte ihnen Rat, begleitete und
beschützte sie vor den Indianern. Der Armee diente er noch als
Scout und entdeckte neue Routen, die später von der Union Pacific
Railroad übernommen wurden.

Rechts unten: Ein französisch-kanadischer Trapper. Sie waren
die Vorläufer der Mountain-Men, als Kanada noch zu Frankreich
gehörte. Bei den Indianern waren sie meistens sehr beliebt.

61

Great Salt Lake durch die endlose Salzwüste. Männer, Frauen und Kinder erduldeten kaum vorstellbare Strapazen. Die berühmte Donner-Party bezwang die Strecke zwar auch, wurde aber 1846 in der Sierra Nevada vom Winter überrascht. Im tiefen Schnee mußten sie, ohne Rettung vor Augen, in den Bergen kampieren. Schließlich versuchten 15 Männer und Frauen voller Verzweiflung, einen Weg nach Kalifornien zu finden. Ihnen gingen unterwegs die wenigen Lebensmittel aus, so daß man vier Mann, die im Schneesturm erfroren waren, röstete und verzehrte, nur um sich selber am Leben zu erhalten. Später erlitten zwei indianische Begleiter das gleiche Schicksal. Sieben Überlebende stießen endlich nach 32 Tagen auf ein Indianerdorf. Von 89 Auswanderern blieben nur 45 Mann am Leben.

In Oregon entstand bald eine Lage, die nach einer politischen Ordnung rief. Nach langwierigen Verhandlungen mit England einigte man sich im Jahre 1846, und 13 Jahre danach wurde Oregon als Staat in die USA aufgenommen.

Kalifornien trat als nächster Staat den Vereinigten Staaten bei. Wie in Texas hatten die Siedler das Gefühl, daß das Land ihnen gehören müßte. Nach 1845 herrschte Anarchie. Die Bemühungen der amerikanischen Regierung, Kalifornien von dem durch Unruhen zerrissenen Mexiko käuflich zu erwerben, schlugen fehl. Also mußte eine Intrige helfen. Der frühere Armee-Offizier John Charles Frémont zog im April 1845 mit 60 schwerbewaffneten Grenzern nach Kalifornien. Diese Aktion erregte verständlicherweise bei den Mexikanern Mißtrauen und Unruhe. Ein Jahr darauf verwies man Frémont des Landes, worauf er spontan die amerikanische Flagge hißte und die Mexikaner auf das schwerste herausforderte. Anschließend marschierte er nach Norden, plötzlich jedoch erneut nach Süden in Richtung Sacramento-Tal, da er wahrscheinlich eine Botschaft vom Präsidenten der USA erhalten hatte. Diese bis heute nicht ganz einwandfrei geklärte Botschaft löste die Trennung Kaliforniens von Mexiko aus. Spannungen zwischen den Vereinigten Staaten und Mexiko bestanden zu dieser Zeit auch an der texanischen Grenze, und mit einem Kriegsausbruch war daher täglich zu rechnen. Vielleicht wollte Frémont die Chancen wahrnehmen, Kalifornien zu einem Staat der USA zu machen. Gerüchte erhöhten die Nervosität, und viele eingewanderte Amerikaner verstärkten Frémonts kleine Streitmacht. Diese griff kurz entschlossen die Mexikaner an, die schnell den Kampf aufgaben und kapitulierten. Am 15. 6. 1846 wurde in Sonoma die Flagge mit dem Grizzly-Bären gehißt und die Republik Kalifornien ausgerufen. Durch die im Hafen von Monterey liegenden US-Kriegsschiffe erfuhr man aber, daß bereits seit drei Monaten Krieg mit Mexiko sei. Damit war die Bärenflagge-Revolte beendet und die USA übernahmen Kalifornien.

Mexiko verlor durch den Krieg mit den USA von 1846–1848 New Mexico und Kalifornien, so daß ein riesiges Gebiet der Besiedlung offen stand. Erstaunlicherweise waren die ersten Siedler nicht die eigentlichen Grenzer, sondern die Mormonen oder die Mitglieder der Church of Jesus Christ of Latter-day Saints. Sie suchten ein Gebiet, wo sie ihren Gott verehren konnten, ohne von anderen Menschen verfolgt zu werden. Gerade durch die ständigen Verfolgungen waren sie gezwungen, nach Westen auszuweichen. Ihr Prophet war Joseph Smith, der das »Book of Mormons« veröffentlicht hatte. Jeder Staat sah sie als öffentliche Feinde an und verjagte sie. In Nauvoo in Illinois bauten sie seit 1839 ihre Welt mit großem Fleiß und Können auf. Es dauerte nicht lange, bis sie auch hier auf den Neid und Haß der Nachbarn stießen, die ihnen ihren durch unermüdlichen Fleiß erworbenen Wohlstand mißgönnten. Nach der Ermordung von Joseph Smith am 27. 6. 1844 übernahm Brigham Young die Führung als Präsident des Rates der 12 Apostel. Er war der geborene Führer und besaß einen unbezähmbaren Willen, so daß man ihn den großen Gestalten der Geschichte gleichstellen darf. Da der Mob drohte, die Mormonen auszurotten, stellte sich die bange Frage, was jetzt zu tun sei. Young entschloß sich daraufhin, in das Gebiet des Great Salt Lake zu ziehen, wo man auf Grund der geographischen Lage – Wüste und Gebirge – ungehindert seinem Glauben nachgehen konnte. Die Vorbereitungen begannen im Winter 1845 bis 1846, und im Frühling 1846 setzten sich die ersten Trecks in Bewegung. Auf dem Zug nach Westen bewies Brigham Young sein erstaunliches Organisationstalent. In bestimmten Abständen legte man Wegstationen an, damit die nachfolgenden Gläubigen Schutz, Unterkunft und Verpflegung finden würden. Am Missouri wurde überwintert, um im folgenden Frühling durch die Prärie und die Wüste weiterzuziehen. Am 9. 4. 1847 setzte sich eine Gruppe mit 143 Männern, 3 Frauen und 2 Kindern unter Führung von Young

Indianer versammeln sich am Rendezvous-Platz, um ihre Felle zu verkaufen. Vorher erhielten sie Geschenke, wie knallbunte Stoffe, Federn, Bowie-Messer, Perlen usw. Die Trapper mußten die Rothäute freundlich stimmen, falls die Blackfeet angreifen würden (Gemälde von Alfred Jacob Miller).

Ein See in den Rocky Mountains
(Gemälde von Alfred Jacob Miller).

Hawken-Rifle (1830).

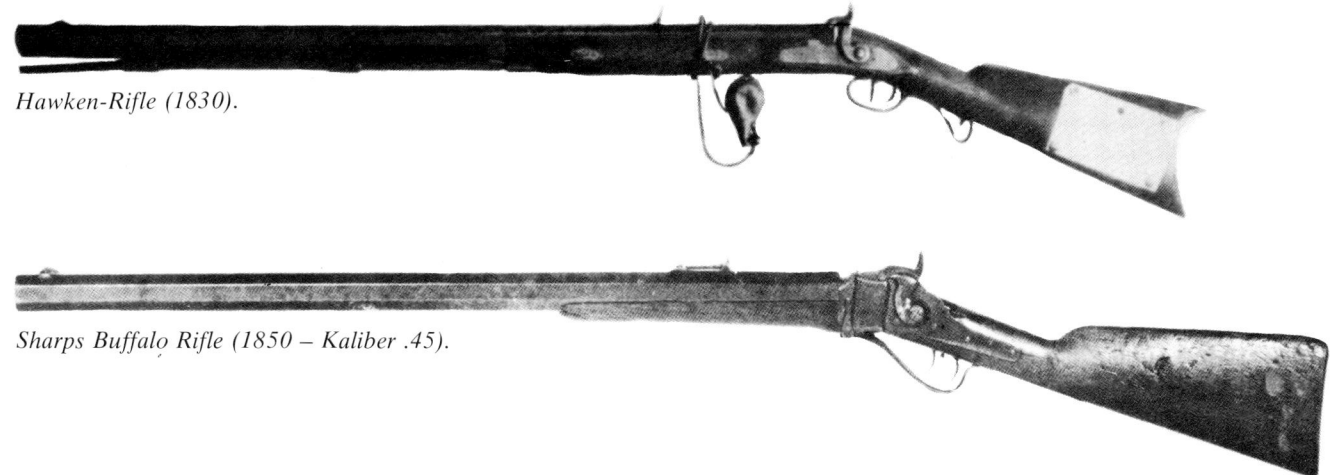

Sharps Buffalo Rifle (1850 – Kaliber .45).

Indianer überfallen Trapper auf dem Missouri.

Arapaho-Indianer mit seiner Familie. Er raucht Pfeife unter einer aufgespannten Decke, um sich vor der Sonne zu schützen. Die Arapahos waren besonders gefährliche und gefürchtete Kämpfer (Gemälde von Alfred Jacob Miller).

Abendlager der Trapper (Gemälde von Alfred Jacob Miller).

Biberbau (Carl Bodmer). Ihre Felle waren so begehrt, daß die Tiere schon nach wenigen Jahren ausgerottet waren.

Später spielten die Handelsstationen oder Forts eine bedeutende Rolle für den Pelzhandel. Hier das berühmte Fort Laramie. Die Indianer strömten aus allen Himmelsrichtungen herbei, um Handel zu treiben – alle außer den Blackfeet (Gemälde von Alfred Jacob Miller).

erneut in Marsch. Die Karawane von 73 schweren Wagen kam auf Grund der strikten Ordnung schnell voran. Am Morgen des 22. 7. 1847 erblickten sie nach unendlichen Schwierigkeiten, unbeschreiblichen Strapazen und großen Opfern ein Tal, wo sie sich am Ufer des City Creek niederließen. Die Lebensbedingungen waren anfangs äußerst primitiv und schlecht. Wieder war es Young, der erkannte, daß in dieser Lage nicht jeder tun und lassen konnte, was er wollte. Es mußte sinnvoll geplant werden. Eine Stadt als Zentrum fehlte. Bewässerungsanlagen mußten gebaut werden. Alle diese Ziele und Bestrebungen konnten aber nur unter Kontrolle oder Aufsicht der Regierung durchgeführt werden, die mehr oder weniger eine Theokratie war. Ob das System nun demokratisch war oder nicht, es funktionierte ausgezeichnet, zumal die Gläubigen Brigham Young und der Kirche bedingungslos und freiwillig gehorchten. Als der Goldrush in Kalifornien ausbrach, bewies diese willensstarke Gemeinde ihre außergewöhnliche Festigkeit. Niemand von ihnen ging nach Kalifornien, denn im eigenen Land konnte man ebenso große Gewinne erzielen. Im Jahre 1849 erhielt das Land eine Verfassung, und ein Jahr später wurde das Territorium Utah errichtet. Brigham Young wurde Gouverneur, der jetzt unter der offiziellen Sanktion der USA seinen Staat noch besser aufbauen konnte. In den Jahren nach der Gründung zogen weitere Tausende von Gläubigen mit Handkarren durch die Gebirge, Wüsten und Täler nach ihrem neuen gelobten Land. Die Besiedlung unter Young darf als die wirksamste und eine der bedeutendsten in der Geschichte des Westens oder sogar Amerikas gelten. Die Landwirtschaft nahm einen enormen Aufschwung, aber auch die Industrie fehlte bald nicht.

Trotzdem blieben Konflikte mit der Außenwelt nicht aus. Gegenseitiges Mißtrauen verschärfte die Lage. Verschiedene Ursachen ließen den Streit offen ausbrechen. So sollten 1857 Truppen die Autorität des Bundes in Utah wieder herstellen. Die Lage entwickelte sich zur Panik, so daß Vernunftgründe nicht mehr galten. In dieser gereizten Situation geschah am 11. 9. 1857 das sogenannte »Mountain Meadows Massacre«. Emigranten zogen quer durch Utah nach Kalifornien, wobei sie die Mormonen und getauften Indianer ständig beschimpften und belästigten. Auch zerstörten sie mutwillig Land und Häuser. Zuerst griffen die Indianer an und töteten sieben Weiße im Tal von Mountain Meadows in der Nähe von Cedar City. Als die Mormonen daraufhin den Weißen, die sich hinter ihrer Wagenburg verschanzt hatten, freies Geleit zusicherten, verließen diese ihr Lager – und wurden fast alle niedergemetzelt (120 Mann wurden ermordet). Man verbreitete anschließend das Gerücht, daß die Indianer die Tat begangen hätten.

Obwohl beide Seiten fieberhaft rüsteten, um nicht das Gesicht zu verlieren, kam durch intensive Vermittlung Friede zustande. Allen würde Pardon gewährt, wenn sie sich der Autorität der Vereinigten Staaten unterwerfen würden. Die Truppen marschierten in Utah ein, besetzten aber Salt Lake City, die Hauptstadt, erst viel später, am 26. 6. 1858. Ein ziviler Gouverneur wurde eingesetzt, aber von nun an konnten die Mormonen ungestört ihrem Gott und ihren Führern dienen, zumal im übrigen Amerika plötzlich die Meinung zu ihren Gunsten umschlug.

Die turbulente Zeit Amerikas nahm im Westen kein Ende. Als in einem von der Sierra Nevada nach Westen strömenden Fluß in Kalifornien durch Zufall Gold entdeckt wurde, erfaßte Amerika ein unvorstellbarer Rausch. Tausende und Abertausende strömten wie gehetzt nach Kalifornien, das nach dem Ende des Goldfiebers ein dicht besiedeltes Land geworden war. Die Forty-niners, wie sie genannt werden, sind in die Geschichte als Eroberer der äußersten westlichen Grenze eingegangen.

Die Goldfunde nahmen ihren Anfang im Reich von John A. Sutter. Beim Bau einer Sägemühle, etwa 40 Meilen vom Fort Sutter entfernt, entdeckte man am 24. 1. 1848 Gold in einem Mühlenbach. Eine von Sutter befohlene Geheimhaltung ließ sich nicht durchführen. Seine eigenen Leute verließen ihn als erste. Als die Nachricht hierüber San Francisco erreichte, war niemand mehr zu halten. Amerika wurde erschüttert. Man legte die Arbeit nieder, Schulen schlossen, Soldaten und Matrosen desertierten, San Francisco war im Juni 1848 eine Geisterstadt!

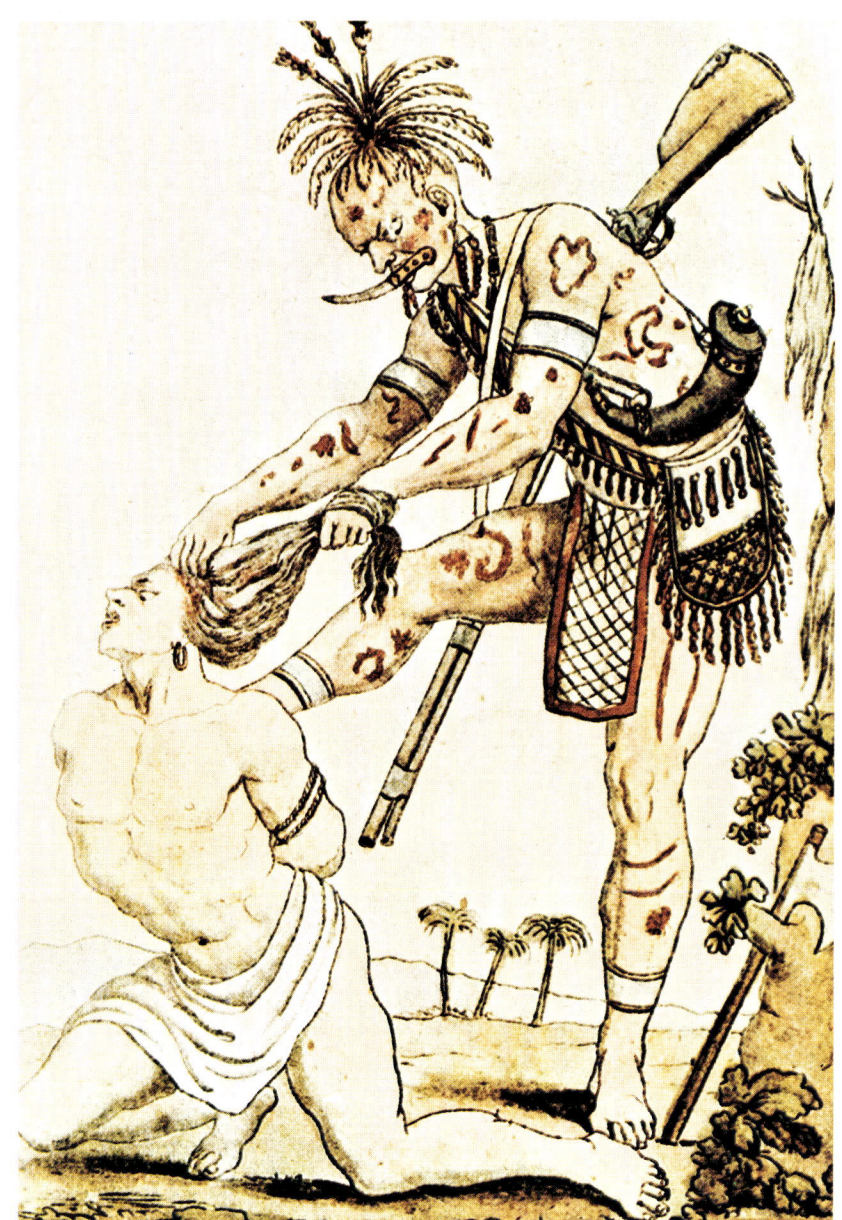

»Encampment Of Indians Near The
Rocky Mountains« von Alfred Jacob
Miller.

Zeitgenössische Darstellung des
Skalpierens.

»The Trapper's Bride« von Alfred Jacob Miller.

»Captain Walker. A Bourgeois And His Squaw« von Alfred Jacob Miller.

In Kalifornien gab es innerhalb kurzer Zeit nichts mehr zu kaufen, denn jeder begab sich nach den Goldfeldern. Nur Schaufeln und Äxte stellte man noch her, ohne diese Werkzeuge konnte man kein Gold suchen oder graben. Jeder neue Goldfund lockte weitere Goldsucher an. Mit Löffeln und Messern holte man das kostbare Metall aus Flußbetten und dem Gebirge. Im Laufe der Zeit wurden immer bessere Methoden zur Goldgewinnung entwickelt, so daß die Ausbeute ständig größer wurde. Zu Reichtümern ist aber wohl kaum jemand von den Forty-niners gekommen, ihre kühnen, schönen Träume verwirklichten sich nicht. Zum Abbau brauchte man Kapital, das aber keiner von ihnen besaß. Deshalb glaubten sie, mehr Gold zu finden, wenn man den Flüssen bis zu ihren Quellen folgte. Die Schürfstellen, genannt Mother Lode, erstreckten sich in Kürze über ganz Kalifornien. Als im Osten der Vereinigten Staaten der Präsident in einer Botschaft an den Kongreß die Goldfunde bestätigte – bisher waren viele skeptisch gewesen – setzte eine gewaltige Wanderschaft von Osten nach Westen ein. Tausende fuhren mit dem Schiff entweder um das Kap Horn oder über die Panama-Route, aber noch mehr zogen in gewaltigen Kolonnen quer durch die Prärie und die Rocky Mountains in das gelobte Land des Goldes – allein im Jahre 1849 waren es schätzungsweise über 10 000 Menschen –, um im fernen Kalifornien ihr Glück zu machen.

Der Sommer 1849 brachte nur Mühsal für die Forty-niners. Es regnete in diesem Jahr ununterbrochen, und auf dem Marsch nach dem Westen brach die Cholera aus. Als die Wagenzüge die Plains hinter sich gelassen hatten, lagen über 5000 Menschen in ihren Gräbern. Hatten sie nach vielen Mühsalen die Goldfelder erreicht, blieb die Enttäuschung nicht aus. Alle Goldfelder waren bereits abgesteckt. Obwohl 1849 Gold im Wert von 10 000 000 $ gefunden wurde, hatten nur wenige das große Glück gefunden. Da ein einzelner gar nicht die Abbaumethoden verwirklichen konnte, schlossen sich die Goldgräber zu Organisationen zusammen, die gemeinsam arbeiteten. Damit richtete man eine erste soziale Ordnung auf. Man darf nicht vergessen, um was für eine bunt zusammengewürfelte Gesellschaft es sich bei den Forty-niners handelte. Größtenteils kamen sie aus der untersten Bevölkerungsschicht. Ihre soziale Ordnung begann in den sogenannten mining camps, die sich durch phantastische Namen auszeichneten. Es waren aber nur elende Hütten, von einer Straße durchzogen, die sich bei Regenwetter von einer Stunde zur anderen in einen Pfuhl von Schmutz und Dreck verwandelte. Saloons und Spielhöllen schossen aus dem Boden, in denen sich alles Leben abspielte. Die Verhältnisse waren unvorstellbar primitiv. Der Goldgräber konnte sich nur Brot leisten, da die Preise für Lebensmittel wie für alle anderen Artikel unerschwinglich waren. Es nahm daher nicht Wunder, daß unter diesen Umständen Krankheiten aller Art ausbrachen, denen die Menschen nicht standhielten. Spielen und Trinken gehörten zur großen Leidenschaft aller. In dieser trostlosen Umgebung, wo der Druck oder der Einfluß der Gesellschaft fehlte, hatten besonders die Mexikaner, Chinesen und Indianer unter der Brutalität der »Weißen« zu leiden. Mit den Goldgräbern kamen die Desperados nach Kalifornien, so daß die Goldsucher ihre »claims« schützen mußten. Sie schlossen sich zusammen, um ihre Rechte, notfalls mit der Waffe, zu wahren. Die Sicherung des Rechts wurde rücksichtslos durchgesetzt, wobei trotzdem in den meisten Fällen die gesetzlichen »Formalitäten« gewahrt wurden. Auf diese Art und Weise gelang es, verbrecherische Elemente, wenn auch oft unter scheußlichen Umständen, loszuwerden.

Von Bedeutung ist, daß kulturelle Einrichtungen in dieser Zeit nicht fehlten. So wurden gerade hier außerordentlich viele Zeitungen gegründet, so daß es in Kalifornien bald mehr Zeitungen pro Kopf der Bevölkerung gab als in den anderen Staaten. Theater blühten, und sogar Literaturzirkel entstanden. Dies ließ erkennen, daß sich langsam die Gesellschaft stabilisierte. Obwohl sich im Jahre 1852 fast 100 000 Goldgräber in Kalifornien aufhielten, hörten die anfänglichen Auswüchse allmählich auf. Außerdem wurden die Forty-niners durch Bergbaugesellschaften verdrängt, die alle technischen Hilfsmittel zur Goldgewinnung einsetzen konnten. Ihren Platz nahmen Farmer und Rancher, Handwerker und Kaufleute ein, die eine dauerhafte Gesellschaft in Kalifornien aufbauten.

Linke Seite:
Oben: Fort Union im Dakota Territory (am Missouri)
war die Handelsstation der Northwest Fur Company.
Mitte: Fort Union (Carl Bodmer).
Unten: Fort Benton in Montana.

Links: *John Jacob Astor aus Waldorf bei Heidelberg war bereits nach kurzer Zeit in Amerika Millionär. Sein Ziel, den gesamten nordamerikanischen Pelzhandel zu beherrschen, erreichte er nach schärfstem Konkurrenzkampf. Außer der American Fur Company gründete Astor die Pacific Fur Company, um mit der britischen Hudson's Bay Company den Kampf aufzunehmen. Er rüstete ein Schiff aus, das um Kap Horn nach dem Columbia-River segeln sollte, um dort eine Handelsstation zu errichten. Eine Expedition setzte sich von St. Louis in Marsch, um auf dem Landweg Oregon zu erreichen. Im September 1810 verließ die »Tonquin« New York, um im April des folgenden Jahres an der Mündung des Columbia-River Anker zu werfen. Einige Kilometer flußaufwärts bauten die Männer das Fort Astoria. Erfolg hatte man aber nicht. Die Schiffsbesatzung wurde von den Indianern umgebracht, während die Landexpedition unterwegs nahezu die Hälfte ihrer Leute verlor.*

Mitte: *Schon 1824 bestand die Absicht, die Indianer in Oregon zu christianisieren. Die Methodisten entsandten daraufhin 1834 ihren Evangelisten Jason Lee (Bild) nach dort. Am Willamette-River baute er seine Missionsstation auf.*

Rechts: *Als nächster folgte der Presbyterianer Dr. Marcus Whitman als Arzt und Missionar. Schon auf dem Oregon-Trail erwies sich Whitman als sehr nützlich und gewann daher den Respekt der erfahrenen Westmänner. Durch die Missionierung und die Schilderung der Evangelisten über das Land kamen immer mehr Siedler nach Oregon.*

73

FIRST METHODIST MISSION IN OREGON.

Nach 1840 saßen bereits so viele Siedler in Oregon, daß die Indianer ihnen gegenüber feindlich wurden. Sie wurden durch die Landabtretung mehr und mehr zurückgedrängt. Die Kirchen hatten zu dieser Zeit auch kein Interesse mehr daran, die Heiden zu missionieren, denn Landnahme war jetzt allen wichtiger. Als die Einwanderer die Masern einschleppten, fielen Hunderte von Cayuse-Indianern dieser Zivilisationskrankheit zum Opfer. Die Überlebenden glaubten, daß die Weißen eine Verschwörung angezettelt hätten, um sie umzubringen. Unter dem Vorwand, ärztliche Hilfe zu erbeten, betraten die Rothäute am 29.11.1847 die Missionsstation von Dr. Whitman, töteten ihn, seine Frau und weitere 10 Personen.

Oben: Die erste Methodisten-Mission in Oregon.

Der Oregon-Trail, der in das gelobte
Land führte, war beschwerlich und
gefährlich. Hatten die Siedler nach
monatelangem Marsch durch die Prärie und das Gebirge den Columbia-
River erreicht, mußten die Wagen
auf Flöße geladen werden, um auf
dem Wasser das letzte Stück bis Fort
Vancouver zurückzulegen. Dann lag
vor den erschöpften Pionieren das
Willamette-Tal, das ihnen wie das
Paradies erschien.

Auf dem Oregon-Trail.

Winterlager der Armee in Utah.

Oben links: Brigham Young.

Oben rechts: Eine Heeresabteilung von 2500 Mann unter Colonel Albert Sidney Johnston marschierte im Mormonen-Krieg im November 1857 in dichtem Schneetreiben nach Fort Bridger.

Eine der größten organisatorischen Leistungen von Brigham Young waren die Wegstationen durch die Prärie und das Gebirge bis nach Utah. Die Wagenzüge belasteten aber die aufstrebende Gemeinde zu sehr. Warum sollten nicht Handkarren, die viel billiger waren, das gleiche schaffen? Wenn die Mormonen, die aus dem Osten kamen, diese Handkarren selbst zogen, konnten sie am Tage ungefähr 15 Meilen zurücklegen und die Prärie in 60 Tagen hinter sich lassen. Nach umfangreichen Vorbereitungen setzten sich am 9. 6. und 11. 6. 1856 die ersten 100 Handkarren in Marsch, und am 26. 9. 1856 erreichten sie Salt Lake City. Erstaunlich ist, daß sie unterwegs jeden angetroffenen Wagenzug überholten.

Rechte Seite
Oben: Goldgräber in Kalifornien.

Mitte: Goldgräber am Spieltisch. Abwechslungen gab es in den Minen-Camps nicht. Trinken und Spielen waren ihr Hauptvergnügen.

Unten: Szenen aus dem Leben der kalifornischen Goldgräber.

Obwohl auf dem Landbesitz von John A. Sutter in Kalifornien Gold entdeckt wurde, starb er als armer Mann. Die Goldgräber vernichteten seine gesamte Existenz, denn sie dachten nicht daran, Sutters Grund und Boden zu schonen oder ihn zu entschädigen, wie er es verlangte. Die mexikanische Regierung hatte ihm zwar seinerzeit das Land überlassen, aber er besaß nicht das Recht auf Ausbeutung der Bodenschätze. Als Sutter nach Jahren von der amerikanischen Regierung doch noch Schürfrechte erhielt, brannte der Mob seinen Besitz vollständig nieder. Links eine Zeichnung aus dem Jahre 1889 von Sutters Mühle.

Sutters Mühle, wo James Marshall (hier auf dem Bild) am 24. 1. 1848 Gold im Mühlenbach – die Mühle ist im Hintergrund zu sehen – fand.

Mexikaner und Chinesen wurden von den Goldgräbern besonders angefeindet. Sie waren für sie Menschen dritter Klasse. *Joaquin Murietta*, ein Mexikaner, hatte gleichfalls darunter zu leiden (Bild links). Die Amerikaner wollten ihn von seinem Stück Boden, auf dem er nach Gold schürfte, verjagen. Sie verprügelten ihn, vergewaltigten seine Frau und ermordeten seinen Bruder. Er nahm blutige Rache, denn Recht fand der Mexikaner nicht. Mit seiner Bande überfiel er Postkutschen, Ansiedlungen und Goldgräber, ehe er den Kugeln seiner Verfolger 1853 zum Opfer fiel.

Was an dieser Geschichte Legende ist oder nicht, kann heute nicht mehr einwandfrei ermittelt werden.

Das Gold mußte von Kalifornien nach dem Osten transportiert und Post nach Kalifornien gebracht werden. Es war augenscheinlich, daß der Goldgräber für diese Dienste gut zahlen würde und müßte. Im Jahre 1849 entrichtete er für einen Brief ungefähr 16 Dollar. Zuerst riß die Adams & Company das Expreßgeschäft an sich. Im Jahre 1852 gründeten dann Henry Wells (Bild Mitte) und William G. Fargo (Bild rechts) die Firma »Wells, Fargo & Company«. Bereits nach drei Jahren besaß Wells Fargo das Monopol des Expreßgeschäftes, nachdem man alle anderen Unternehmen aufgekauft oder in den Ruin getrieben hatte.

REWARD!

WELLS, FARGO & CO.'S EXPRESS BOX, CON-

ning $160 in Gold Notes, was robbed this morning, by one man, on the route from Sonora

Milton, near top of the Hill, between the river and Copperopolis.

$250

nd one-fourth of any money recovered, will be paid

arrest and conviction of the robber.

JOHN J. VALENTINE,

General Sup't.

n Francisco, July 27, 1875.

Belohnung! Ein Plakat nach dem ersten Überfall von Black Bart. In der ausgeraubten Schatzkiste hinterließ er oft einen Zettel mit Gedichten, die er unterschrieb mit »The PO8« (Po-eight = Poet).

Links: Die Schatzkisten waren ein begehrtes Ziel der Straßenräuber. Zu den berühmtesten, wenn auch nicht zu den erfolgreichsten, gehörte Black Bart (Bild), der im Jahre 1875 mit seinen Überfällen begann. Er trug hierbei meistens einen Mehlsack über dem Kopf. Er sprach nicht viel. Oft waren seine Worte nur: »Wirf die Kiste 'runter.«

Mitte: Wells Fargo Chief-Detective James B. Hume. Er verfolgte über acht Jahre Black Bart, ehe er ihn nach 28 Überfällen im Jahre 1883 dingfest machte.

Rechts: Als am 16. 5. 1866 Banditen eine Wells-Fargo-Kutsche beraubten, erschoß Stephen Venard (Bild) in einem Feuergefecht drei der Straßenräuber.

Oben: Es gab kaum ein Paket oder einen Brief, den Wells Fargo nicht beförderte. Hier eine Station von Wells Fargo kurz vor dem Start der Kutsche nach Virginia City in Nevada.

Links: Die berühmte Concord-Kutsche von Wells Fargo beförderte nicht nur Fahrgäste, Güter und Post, sondern auch Gold. Unter dem Kutschbock befand sich die berühmte Schatzkiste. Im Laufe der Jahre brachte man Millionenwerte per Expreß von den Goldfeldern nach San Francisco. Hier wurden die Schätze bei Wells Fargo entweder sicher aufbewahrt oder in Geld umgetauscht.

Rechte Seite: Die Kutscher waren selbstverständlich schwer bewaffnet. Hier auf dem Bild zwei dieser Männer mit ihren Schrotflinten und Repetiergewehren.

82

Stagecoach der Overland Mail Co.

*Quittung über einen Goldtransport
der Overland Stage Line.*

Stagecoaches, Pony Expreß, Cowboys, Beef Bonanza und Range Wars

☆ ☆

Die Goldgräber hielt es nun nicht länger in Kalifornien. Sie zogen weiter nach dem Columbia-River, nach Arizona, den westlichen Randgebieten der Great Plains und in die Rocky Mountains. Als plötzlich bekannt wurde, daß im Fraser-River in British-Columbia Gold gefunden worden war, setzte erneut ein Goldrush ein. Von hier zogen später die Goldgräber vom Oro Fino-Creek im Land der Nez Percé bis nach dem südlichen Teil von Idaho, schließlich nach Montana, nach dem Grasshopper Creek. Farmer strömten in das Gebiet, um die Goldsucher mit Lebensmitteln zu versorgen. Idaho und Montana wurden dadurch ganz allmählich besiedelt, so daß beide Staaten im Jahre 1863 und 1864 territorialen Status erhielten.

Nun fehlte eigentlich nur noch der Südwesten, und tatsächlich fand man dort, besonders in Arizona, 1853 längs des Gila- und des Colorado-River, Gold! Hier entstand Gila-City, eine der interessantesten Städte des Wilden Westens. Durch den Bürgerkrieg (1861–1865) gewannen aber die Apachen, die in Arizona lebten, wieder die Oberhand und vertrieben kurzerhand die weißen Eindringlinge. Das Zentrum der Goldsucher war in jenen Jahren die kleine, legendenumwobene Wüstenstadt Tuscon. Dort lebten über 500 Amerikaner, Mexikaner und Indianer, die den Bodensatz der menschlichen Gesellschaft bildeten. Verbrechen waren wie an keinem anderen Ort an der Tagesordnung. Diese erste Wildwest-Stadt widerstand aber dennoch nicht den ständigen wütenden Angriffen der Apachen. Gegen Ende des Bürgerkrieges hielt sich hier niemand mehr auf.

In den Washoe Mountains in Nevada fand man schließlich eine der ergiebigsten Gold- und Silber-Adern. Es handelte sich um die berühmte Ader von Comstock Lode in Nevada, benannt nach Henry T. P. Comstock. Sie erbrachte in 20 Jahren etwa 300 000 000 Dollar an Gold und Silber. Als die Funde bekannt wurden, setzte – wie immer – ein Strom von Goldgräbern ein. Nevada verlor nahezu ein Drittel seiner Bevölkerung! Auf allen Trails strömten die Glücksritter in die unwirtliche Gegend, die meisten kehrten wieder zurück. Trotzdem blieben über 4300 Goldgräber, viele wilde Gesellen unter ihnen, die im Jahre 1859 Virginia City gründeten.

Gold spukte in den Köpfen aller. Im Jahre 1858 stieß man am South Platte River in Colorado auf Gold. Die Männer, die diesmal vom Gold angezogen wurden, gründeten später die Stadt Denver. Der Goldrush war in der Tat noch größer, als der nach Kalifornien. Dies hing sicher damit zusammen, daß seit 1857 in den USA eine wirtschaftliche Flaute herrschte. Viele Männer saßen herum und hatten nichts anderes zu tun, als allen Gerüchten sofort Glauben zu schenken und sich unverzüglich auf den Weg zu machen. Als sie nach zum Teil schrecklichen Strapazen in Denver müde, erschöpft und ausgehungert ankamen, mußten sie zu ihrem Schrecken feststellen, daß längs des South Platte River längst alle Schürfstellen abgesteckt waren. Ein Vorstoß in die Berge war wegen des hohen Schnees völlig unmöglich. Also kehrten Tausende wieder zurück. Und dieses Hin und Her wiederholte sich stets, sobald man wieder irgendwo von einem Goldfund hörte. Hoffnung und Enttäuschung waren die beiden Pole, zwischen denen in jenen Jahren unzählige Männer über oft gewaltige Entfernungen hin und her zogen. Doch es entstanden Städte, so daß sich langsam ein zivilisiertes Leben durchsetzen konnte. Gesetze wurden geschaffen,

um vor allem wie in Kalifornien die Claims zu schützen. Dieses wieder trug dazu bei, die Verbrechen einzudämmen. Viele Desperados, Männer, denen es auf ein Menschenleben nicht ankam und deren Revolver im tiefhängenden Gurt immer locker saß, verließen das »ungastliche« Land. Im Jahre 1861 wurde das Territorium Colorado gegründet, nachdem die Goldgräber und andere Bewohner dieses Gebietes bereits vorher ihren Gouverneur und die gesetzgebende Versammlung gewählt hatten.

Mit dem Goldrausch in Colorado war aber die Zeit der Goldsucher noch lange nicht beendet. Für weitere zwei Jahrzehnte durchstreiften sie den Fernen Westen. Ihr unbestreitbarer Verdienst bestand darin, daß sie überall westlich des Mississippi neue Siedlungen gründeten, aus denen sich allerdings schon bald das Problem ergab, diese vorgeschobenen Grenzgebiete mit dem Osten des Landes zu verbinden. Die Niederlassungen und Gründungen der Goldgräber befanden sich fast 1000 Meilen von der Grenze am Mississippi entfernt! Dazwischen lag die Prärie und am Rand verstreut die riesigen Gebiete um den Great Salt Lake, Arizona, New Mexico, Kalifornien und Oregon. Pferde, Stagecoaches (Reisekutschen) und Wagen schienen die besten Transportmittel zu sein, um die ungeheuren Entfernungen zu überbrükken. Zu den Pionieren dieser neuen Entwicklung gehörten vor allem Alvin Adams, Henry Wells und William G. Fargo.

Die Stagecoaches nahmen zuerst in Kalifornien einen enormen Aufschwung. Dann kam das Expreßgeschäft auf. Die Konkurrenz war jedoch so groß, daß sich die meisten Unternehmen nicht lange hielten. Seit 1855 gelang es Wells, Fargo & Company, den Westen mit ihren Stagecoaches und Transporten zu beherrschen. Es gab wohl keinen Transport, den diese Firma in diesen Jahren nicht bewältigt hätte. Damit war aber immer noch nicht das Problem gelöst, den Osten mit dem Westen zu verbinden. Die Armee machte den Anfang, indem sie Privatfirmen beauftragte, ihre weit vorgeschobenen Forts mit allem, Lebensmittel, Uniformen, Bekleidung, zu versorgen. Als erster erhielt James Brown einen Vertrag, später kamen William H. Russell hinzu, sowie William B. Waddell und Alexander Majors. Letztere schlossen sich zu dem bekannten Unternehmen Russell, Majors und Waddell zusammen, das im Westen den Frachttransport bis zur Zeit des Bürgerkrieges in der Hand hatte. Es beschäftigte über 1700 Leute, um die Frachtwagen über die Prärie zu schicken.

Aber noch immer fuhren keine Stagecoaches von Ost nach West, besonders nach Kalifornien. Am 3. 3. 1857 erließ der Kongreß ein entsprechendes Gesetz. John Butterfield erhielt den ersten Vertrag. Seine Route führte von Tipton in Missouri durch den Südwesten nach Los Angeles und von hier nach San Francisco. Am 17. 9. 1858 verließ die erste Stagecoach Tipton und erreichte nach 24 Tagen und 20 Stunden am 10. 10. 1858 San Francisco. Die 2812 Meilen lange Strecke war geschafft!

Andere Versuche des Postministeriums, die Overland Route zu benutzen, schlugen fehl. Diese Lücke füllte wiederum William H. Russell aus, der von Leavenworth eine Route nach Denver zu den Goldfeldern errichtete. Dann verfiel er auf die Idee des Pony-Expreß, nur mit Pferden in 10 Tagen die Post nach Kalifornien zu bringen! Am 3. 4. 1860 setzte sich der erste Pony-Reiter von St. Joseph aus in Marsch. Schon am 14. 4. 1860 erreichte er San Francisco. Nach 16 Monaten mußte der Pony-Expreß eingestellt werden. Der Telegraph setzte diesem abenteuerlichen und kostspieligen Unternehmen ein Ende.

Als die Eisenbahn schließlich seit 1869 Ost und West verband, verschwanden alle diese wagemutigen Transportunternehmen. Nur Wells Fargo überdauerte die Zeit, allerdings als Bankunternehmen, denn seit der Gründung hatte man sich mit dem Transport von Gold in Kalifornien befaßt.

Nach dem Ende des Bürgerkrieges 1865 setzte die wohl großartigste Entwicklung ein, die die amerikanische Geschichte erlebte: Der einmalige, grandiose Aufschwung der Viehwirtschaft (cattle trade). Und damit betrat der Cowboy die riesigen Weidegründe des Westens.

Der Cowboy geht auf die Spanier zurück, die kriegsgefangene Indianer ausbildeten, das Vieh in den Missionen der Mönche zu hüten. Diese Indianer besaßen erstaunliche Ausdauer und konnten tagelang auf ihren Pferden reiten, mit denen sie geradezu verwachsen schienen. Selbst ihre Ausrüstung übernahmen später die Cowboys. Der Indianer trug ein Tuch um den Kopf gewickelt und darauf saß ein breitrandiger

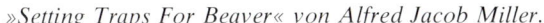

»Lost In A Snowstorm« von Charles M. Russell (1864–1926).

»Setting Traps For Beaver« von Alfred Jacob Miller.

»A Dash For Timber« von Frederic Remington.

»Pony-Expreß« von Frederic Remington (1861–1909).

niedriger Hut, um vor der Hitze oder den tropischen Regenfällen geschützt zu sein. Die knielangen Hosen waren an den Seiten zugeknöpft. Die Schuhe hatte er sich aus Hirschleder angefertigt. Am rechten Bein steckte ein Messer. Das Lasso (richtig Lariat) hing als Schlinge am Sattelknopf. Große Kuhlederstücke fielen vom Sattelknopf herab, mit denen der Indianer seine Beine schützte, sobald er durch Dickicht und Dorngestrüpp reiten mußte. Diese Indianer nannte man vaquero (von span. vaca – Kuh); sie traf man besonders in Kalifornien und in Mexiko an.

Die Rinder waren von zäher, schwarzer andalusischer Rasse, aus der dann das berühmte Texas Longhorn gezüchtet wurde. Auf seiner zweiten Fahrt nach Amerika im Jahre 1493 hatte Kolumbus die ersten Rinder in die Neue Welt gebracht, und 1521 setzte Gregorio de Villalobos Kälber nach Mexiko über. Hier fühlten sie sich heimisch, denn das Land ähnelte Spanien sehr. Nach 1690 kamen die Tiere über den Rio Grande und damit nach den heutigen USA. Spanien zeigte kein großes Interesse an Texas und den Great Plains – dort gab es nämlich kein Gold –, so daß die Missionen die Viehzucht übernahmen und im Laufe der Jahre Tausende von Rindern in diesen Gebieten lebten. Es war eine in jeder Beziehung rauhe und unwirtliche Region, so daß sich allmählich eine harte, ausdauernde Rasse von großer Widerstandsfähigkeit – eben das Texas Longhorn – entwickeln konnte, die mit der Zeit wild und gefährlich wie Großwild wurde. Derselbe Vorgang wiederholte sich auch in Kalifornien. Als aber im Jahre 1833 Mexiko die Ländereien der Missionen auflöste und die Indianer befreite, töteten diese aus Rache Tausende von Rindern. Durch den Goldrausch in Kalifornien wurde das Fleisch von Woche zu Woche knapper. Jetzt sahen einige weitsichtige Texaner eine Chance, ihre Herden nach dort zu treiben und für sündhaft teures Geld zu verkaufen. Der Bürgerkrieg unterbrach zwar diese Entwicklung, die Texaner hatten aber gelernt, daß man die Herden selbst unter den schwierigsten Umständen über weite Entfernungen treiben konnte, um sie zu den Käufern zu bringen. In der sogenannten Brasada, dem äußersten Süden von Texas, die sich vom Rio Grande und dem Tal des Nueces in einem Halbbogen bis an den Rio Colorado erstreckt, dann von der Küste von der Matagorda Bay bis nach Brownsville an der Südspitze schwingt, ist die Heimat der Viehzucht zu sehen. In diesem unwirtlichen Buschgelände und dornigen Dickicht tummelten sich die Rinder zu Tausenden. Sie stammten von jenen spanischen Herden ab, die nach der Revolution in Texas von 1836 nach dort gewandert waren. Schon 1830 schätzte man den Bestand auf ca. 100 000 Stück, im Jahre 1850 auf 330 000 und 10 Jahre später bereits auf 3,5 Millionen! Auf Grund ihrer ungewöhnlichen Robustheit vermehrten sich die Tiere schnell, wurden aber auch immer wilder und gefährlicher. Die Mexikaner hatten das Land verlassen, also gehörte das Vieh niemandem. Die Amerikaner, die nach 1836 in das Land einströmten, trieben die Tiere zusammen, bis eine Herde groß genug war, um sie anschließend nach Norden zu treiben. Den Treibern gab man den Namen »Cowboy«. Ein Name, der diesen Männern Weltruhm einbrachte.

Die Herden wurden von Jahr zu Jahr größer, so daß die Texaner ernstlich gezwungen waren, sich nach neuen Absatzmärkten umzusehen. Das erste große Treiben von Texas nach dem Norden fand 1846 statt, als man Tausende von Rindern nach Ohio brachte. In den fünfziger Jahren erreichte man bereits St. Louis, nördlich des Indianer-Territoriums (Oklahoma). Dieser Weg wurde Kansas- und später Shawnee-Trail genannt. Gleich zu Beginn des Treibens wehrten sich die Farmer von Kansas und Missouri mit Erbitterung gegen die Longhorns, die nach ihrer Meinung das Texas-Fieber einschleppten. Man erließ deshalb Gesetze gegen den Durchmarsch der Herden durch den Staat. Das half aber nichts, die Cowboys schafften es trotzdem, mit ihren gewaltigen Herden durchzukommen.

Nach dem Bürgerkrieg war die wirtschaftliche Lage in Texas zwar katastrophal, einen Trumpf aber besaß man: Das Longhorn. Man fing daher die Tiere unter unsäglichen Mühen von neuem ein. 1866 brachte Jim Daugherty in einem abenteuerlichen Zug die erste Herde sicher nach Fort Scott. Charles Goodnight war es, der zuversichtlich glaubte, daß man auch in Colorado einen guten Absatzmarkt finden würde. Er faßte den Plan, seine Herden nach dem Südwesten zum Pecos-River zu treiben, und von dort nach New Mexico und Colorado. Sein Partner Oliver Loving stimmte ihm zu.

Ungefähr 2000 Tiere und 18 bewaffnete Cowboys machten sich 1866 auf den endlos scheinenden Weg. Die Strapazen, die Menschen und Tiere während des Marsches durch die Wüste erdulden mußten, klin-

Mühsame, schwere körperliche Arbeit: Goldgräber um 1860.

Von British-Columbia strömten die Goldgräber nun nach Montana. William Fairweather war einer der Entdecker der Goldfelder im Alder Gulch.

Nach 1850 wurde die Aufmerksamkeit der Goldsucher plötzlich auf Nevada gelenkt. Nach den Goldfunden von 1859 zogen Tausende nach Virginia City. Die Zustände in Virginia City waren – wie in allen Goldgräberstädten – fürchterlich. Ein Schlafplatz auf der nackten Erde kostete 1 Dollar. Für eine Decke mußte man nochmals das gleiche zahlen. Innerhalb von vier Jahren schürften Gesellschaften für mehr als 15 Millionen Dollar Gold aus den Bergen. Die Stadt nahm einen ungeheuren Aufschwung. Auf dem Bild eine Straße längs des Comstock-Lode.

Viele Städte des Wilden Westens überlebten die neue Zeit nicht. Waren die Goldminen erschöpft, verließen die Goldsucher kurzerhand ihre Behausungen und zogen weiter, wie hier in Idaho City, Idaho.

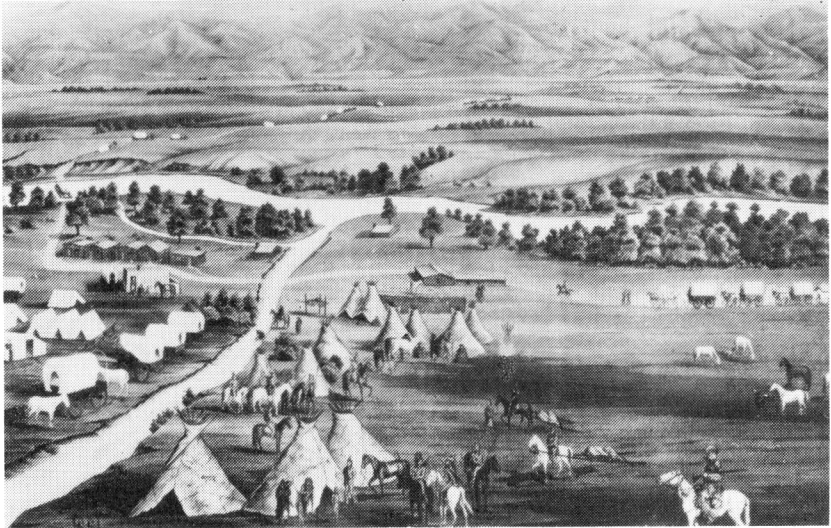

Ein typisches Beispiel für die Entstehung der Städte im Westen während des »goldrush« ist Denver in Colorado. Am Anfang bestand der Ort nur aus wenigen armseligen Hütten. Mit den Goldfunden von Pike's Peak setzte ein Zustrom von Glücksrittern ein, daß Denver bereits 1860 nicht mehr wiederzuerkennen war.

Links: Eine Goldmine in den Black Hills in South Dakota. Schon vor Jahren hatte man von den Indianern erfahren, daß unendliche Goldschätze in den Black Hills verborgen wären. Bis 1875 durften jedoch die Goldsucher nicht in das Gebiet der Sioux-Indianer eindringen. Der wirkliche Wilde Westen lebte hier zum letzten Mal auf. Es herrschte beispiellose Gesetzlosigkeit, besonders in Deadwood. Alle dunklen Gestalten gaben sich hier ein Stelldichein. Überfälle auf die Stagecoaches nahm man kaum zur Kenntnis. Über Mord und Totschlag ging man zur Tagesordnung über.

91

Eine Haltestation der Ben Holladay Stage Line.

Charles M. Russells bekanntes Gemälde »Corduroy Road« zeigt, wie die »Straßen« im Wilden Westen wirklich beschaffen waren. Oft handelt es sich nur um Knüppeldämme, auf denen es in rasender Fahrt vorangeht.

Es war nicht nur unbequem, in der Stagecoach meilenweit zu fahren, sondern oft auch äußerst gefährlich. Indianer greifen an.

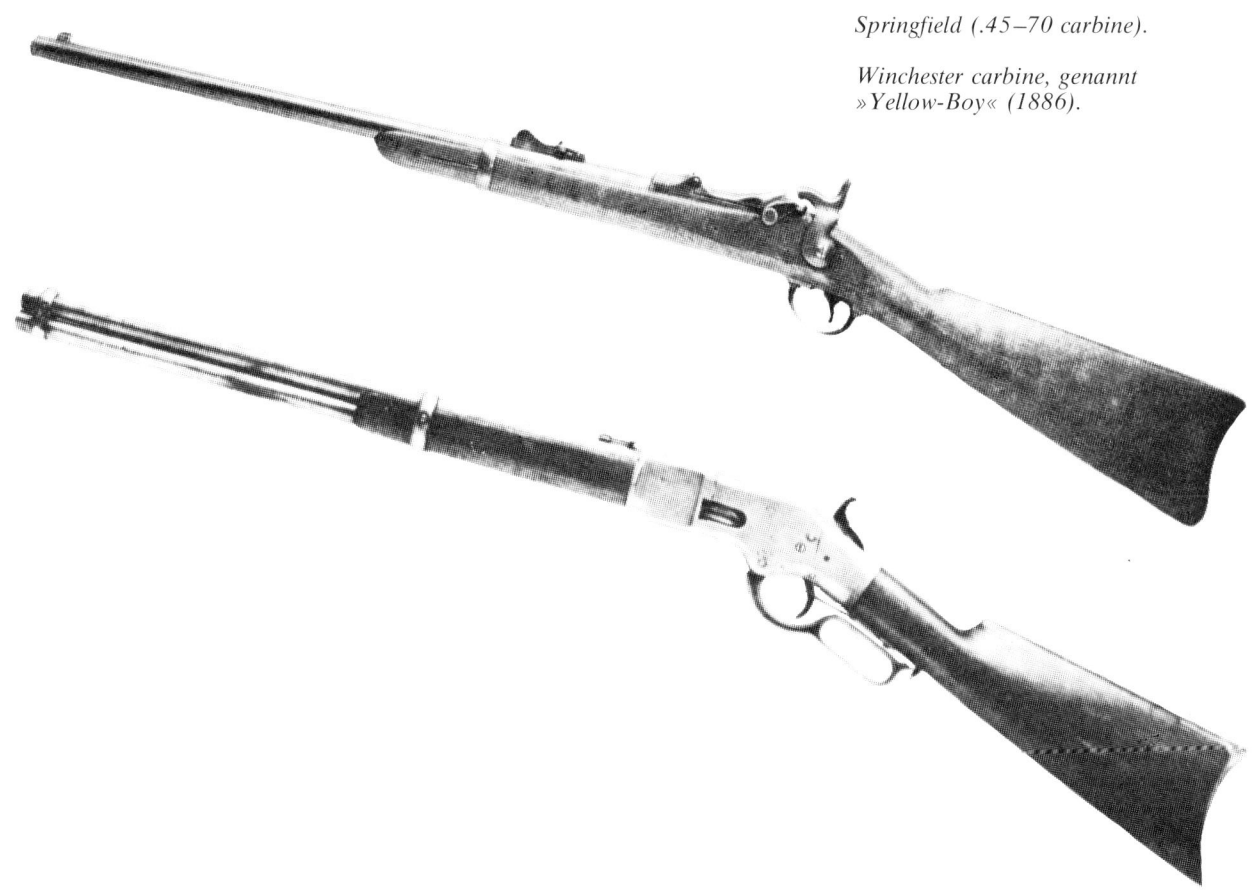

Springfield (.45–70 carbine).

Winchester carbine, genannt »Yellow-Boy« (1886).

93

Indianer greifen einen Pony-Expreß-Reiter an. Zu den abenteuerlichsten Unternehmen zählte der Pony-Expreß. William H. Russell, vom Transportunternehmen Russell, Majors and Waddell, setzte die Idee des Pony-Expreß durch. In 10 Tagen wollte er die Post durch Reiter zwischen dem Missouri und Kalifornien befördern. Für diese phantastisch kurze Zeit standen 500 der besten Pferde zur Verfügung. Unterwegs gab es in Abständen von je 10 Meilen insgesamt 190 Stationen, um die Pferde wechseln zu können. Am 3. 4. 1860 flogen die ersten Reiter in beide Richtungen (von St. Joseph/Missouri und San Francisco) los. Es befanden sich ständig 80 Reiter im Sattel, um durch Regen, Eis und gefährliche Gebiete bis zu 70 Meilen im wahnwitzigen Galopp zurückzulegen.

Der Telegraph bedeutete das Ende des Pony-Expreß. Die Pacific Telegraph Company und die Overland Telegraph Company bauten ab 4. Juli 1861 eine Telegraphenlinie mit Treffpunkt Salt Lake City. Am 24. 10. 1861 war es geschafft, und der Kontinent von nun an in Sekundenschnelle mit Nachrichten versorgt.

Seit 1830 experimentierte man, welche Wagen wohl die geeignetsten wären, um die endlosen Weiten der Prärie zu durch-
queren. Als schließlich 1843 der große Zug nach Westen einsetzte, spielte der hier abgebildete Conestoga-Waggon bereits
die große Rolle, die er bis zum Ende des Wilden Westens behielt. Der Name geht auf deutsche Siedler im Conestoga-
Valley/Pennsylvania zurück, die diesen vierrädrigen Wagen bauten. Er diente schließlich als Modell für die verschiedenen
Arten, die man dann im Westen Amerikas antraf. Die Hauptmerkmale des Conestoga-Wagens waren seine tellerförmigen
Räder. Die vorderen waren ca. 60 cm kleiner als die hinteren, um besser lenken und fahren zu können. Der Kastenaufbau
hatte eine bootsförmige Gestalt, so daß die Ladung nicht so leicht verrutschte. Ein Segeltuch schützte das Ganze vor den
Unbilden der Witterung. Sah man die Wagenkolonnen am fernen Horizont, verstärkte sich für den Betrachter der schiffs-
ähnliche Eindruck des Conestoga-Wagens, daher auch der Name Prärie-Schoner.

Unten: Kamele im Westen der USA. In den Jahren 1856/57
führte die Armee 75 Tiere ein. Eine Versuchsexpedition von Texas
nach Kalifornien überzeugte aber niemanden von den Vorteilen
dieser Transportmöglichkeit. Das Experiment wurde nicht wieder-
holt.

95

Oben: Ein Wagenzug durchquert die Wüste.

Mitte: Eine Wagenkolonne um 1866 in Denver.

Links: Hier geht es über den Ute-Paß in Colorado (1870).

Rechte Seite oben: Auf ihrem Marsch nach Westen wurden die Wagenkolonnen oft genug von Indianern angegriffen, die in den Siedlern Eindringlinge in ihre Jagdgründe sahen.

Rechts: Eine Siedlerfamilie auf dem Zug nach Westen; einer ungewissen Zukunft entgegen.

Schienenleger der Union Pacific bei der Arbeit. Sie mußten harte Arbeit leisten, geschenkt wurde ihnen nichts. Sowohl die Union Pacific als auch die Central Pacific trieben ihre Leute wie Vieh an; letztere setzte Tausende von Chinesen als Kulis ein. Der Grund hierfür lag darin, daß beide Gesellschaften für jede Meile, die gebaut wurde, mehrere 10 000 Dollar als Anleihe bekamen. Außerdem übergab ihnen die Regierung je 20 Meilen Land auf beiden Seiten des Schienenstranges. Jede Gesellschaft war darum daran interessiert, so viele Meilen wie nur möglich in kürzester Zeit zurückzulegen. Jeder versuchte den anderen zu übertreffen, so daß ein gnadenloser Kampf zwischen der Union Pacific und der Central Pacific begann. Die Arbeiter waren die Leidtragenden; sie starben oft wie die Fliegen. Um diesen Wahnsinn zu beenden, wurde vom Präsidenten der USA festgelegt, daß sich beide Bahnen bei Promontory Point zu treffen hätten.

General Jack Casement, im Vordergrund des Bildes, baute die Union Pacific-Strecke nach militärischen Grundsätzen. Im Hintergrund sieht man einen Bauzug. Rechts der Wagen des berühmten Photographen A. J. Russell, der die Geschichte des Feuerrosses im Westen im Bild festgehalten hat.

Aus dem Arbeitszug wird Material entladen, um mit Frachtwagen nach vorn
zu den Schienenlegertrupps gebracht zu werden.

In dreißig Tagen wurde die Dale Creek Bridge gebaut, die nur aus Holz bestand!
Die Brücke war 38 m hoch und über 150 m lang.

Die Eisenbahn-Camps – besonders die der Union Pacific – waren wegen ihrer Wildheit und der rauhen Sitten, die hier herrschten, berühmt. Hier Camp Promontory.

Bear River City gehörte gleichfalls zu den wilden Eisenbahnstädten längs der Union Pacific, die nach dem Weiterziehen der Bautrupps von der Bildfläche verschwanden. Morde und Raubüberfälle geschahen täglich. Als man die Verbrecher, Falschspieler und Killer schließlich vertrieb, gingen diese zornentbrannt zum Gegenangriff über. Kavallerie mußte schließlich die Ordnung wiederherstellen.

Zahltag für die Bauarbeiter. Durchschnittlich erhielten die Schienenleger, Köche, Bäcker, Schmiede, Brückenbauer, Schreiner, Maurer und Angestellten für dieses schwere Leben in der Wildnis täglich drei Dollar.

Eine Lokomotive der Union Pacific. Sie wurde für diese Aufnahme extra auf Hochglanz poliert. Vorn der gewaltige Scheinwerfer, geziert mit einem Hirschgeweih.

Laramie im Juni 1868. Bekanntes Fort und wichtige Handelsstation. Das Laramie-Hotel – das größte Gebäude der Stadt.

Oben: Ein Bautrupp der Northern Pacific Railroad im Jahre 1877. Es war die vierte transkontinentale Bahn, begonnen 1870 und nach vielen Schwierigkeiten endlich 1887 fertiggestellt.

Unten: Das Ziel ist erreicht: Am 10. 5. 1869 vereinigten sich die Central Pacific und die Union Pacific in Promontory, Utah. Den letzten Schwellennagel aus purem Gold schlug man gegen 12.47 Uhr ein. Daraufhin berührten sich die Lokomotiven der Central Pacific (links) und der Union Pacific (rechts) mit ihren Puffern. Den goldenen Nagel entfernte man natürlich sofort wieder.

Wegbereiter der Beef Bonanza waren Charles Goodnight (links) und Oliver Loving (Mitte). Schon seit seiner Jugend hatte sich Charles Goodnight mit der Viehzucht befaßt. Als 1866 die Texaner ihre Herden nach Norden trieben, sah er auf dem Markt im Westen ebenfalls eine Chance. Er tat sich deshalb mit Oliver Loving zusammen, und im Juni 1866 trieben sie mit 18 Cowboys ungefähr 2000 Kühe und Stiere über die verlassene Butterfield Overland Mail-Route.

Für diesen Treck baute Goodnight wahrscheinlich den ersten Chuckwagon (Küchenwagen). Er ließ einen alten Armeewagen mit dem zähesten Holz, dem Bois d'arc, aus dem die Indianer auch ihre Bogen anfertigten, umkonstruieren. Der hintere Teil des Wagens bestand aus mehreren Fächern mit einem Klappbrett, so daß es der Koch als Arbeitstisch benutzen konnte. Der Weg zum Pecos River führte über 80 Meilen durch die wasserlose Wüste der Staked Plains. Von hier trieb man die Herde nach Norden längs des Pecos nach Fort Sumner. Mit 12 000 Golddollar in der Tasche konnte Goodnight eine neue Herde kaufen. Im folgenden Jahr überfielen die Comanche-Indianer die Herde der beiden Pioniere und belagerten Oliver Loving, wobei er schwer verletzt wurde. Loving starb an seinen Verletzungen.

Eng verbunden mit der Geschichte der Cowboys ist Jesse Chisholm (rechts). Um das Vieh von Texas nach Abilene, der ersten eigentlichen Rinderstadt, treiben zu können, brauchte man einen Trail. Diesen gab es bereits seit Jahren, ehe der Boom 1866 einsetzte, und ging zunächst von Arkansas durch das Indianer-Territorium nach Washita.

Jesse Chisholm stammte aus Tennessee und war ein Halbblut. Mit den Indianern verstand er sich ausgezeichnet und trieb mit ihnen ausgedehnten Handel. An dem nach ihm benannten Chisholm Creek baute er eine Ranch, von der dann ein Trail ungefähr 220 Meilen nach Norden führte. Dies war der ursprüngliche Chisholm Trail, den die Cowboys als Teilstrecke benutzten, da er nach Süden und Norden verlängert wurde. Man nannte aber den gesamten Trail von Texas nach Kansas allgemein Chisholm Trail, obwohl er mit dem eigentlichen nicht viel gemein hatte.

Vaquero. Eine Zeichnung von Frederic Remington.

103

gen uns heute unfaßbar. Monate war die Herde unterwegs, eine riesige Staubwolke hing über ihr. Die Sorge, rechtzeitig wieder einen Fluß, wenigstens Wasserlöcher zu erreichen, beherrschte die Cowboys, deren Gesichter in der Sonnenglut wie gegerbtes Leder aussahen. Dazu die ständige Angst vor der gefürchteten Stampede, dem sinnlosen Dahinrasen der Tiere, vor Indianer-Überfällen und vor Banditen. Unterwegs gingen über 400 Tiere verloren, aber die restlichen Tiere konnten mit gutem Gewinn verkauft werden. Von den erzielten 12 000 Golddollar kauften beide Männer sofort eine neue Herde, die man auf dem gleichen Trail, diesmal ohne große Verluste, durchbrachte. Bald erfuhren jedoch die Comanche-Indianer, daß hier, auf dem Goodnight-Loving Trail, reiche Beute zu holen wäre. Bei einem ihrer plötzlichen Überfälle verwundeten sie Loving so schwer, daß er kurz darauf starb.

Erst mit Joseph G. McCoy begann das große organisierte Viehtreiben von Texas nach dem Norden. McCoy war ein Viehhändler aus Illinois, und er verstand sein Geschäft. Er baute seit 1867 ausgedehnte Corrals in Abilene, Kansas, zur Aufnahme des Viehs, das von hier mit der Eisenbahn nach Chicago transportiert werden sollte. Seine Agenten verbreiteten die Nachricht, welche Vorteile Abilene für die Viehzüchter von Texas hätte. Schon 1869 kamen 150 000 Longhorns dort an. Die meisten Tiere hatte man auf dem Chisholm-Trail bis nach Abilene getrieben. Jesse Chisholm, ein Halbblut-Indianer, benutzte schon seit längerem den nach ihm benannten Trail. Die meisten Zubringerwege aus dem östlichen und dem mittleren Texas führten im Laufe der Zeit nach diesem günstigen Trail. Aber ohne Gefahren war auch dieser nicht. Er führte teilweise durch das Gebiet der Chickasaw-Indianer, die nach langen Verhandlungen fünfzig Cent pro Tier als Abgabe forderten. Außerdem drangen jetzt die Farmer immer weiter nach Westen in die Prärie vor und hinderten das Viehtreiben durch die Einzäunung ihrer Länder. Die alte Klage wegen der Einschleppung des Texas-Fiebers erhob sich von neuem. Als man in Ellsworth und in Dodge City die Eisenbahn-Verlademöglichkeiten einrichtete, verschob sich der Chisholm-Trail nach Westen. Dodge City sollte in diesen Jahren die berühmteste und berüchtigtste Stadt des Wilden Westens werden. Sie war der Endpunkt des Western Trail, der in Forth Griffin begann, über den Red River und durch das Indian Territorium führte. Auch auf diesem Trail wurden die Herden und die Cowboys unentwegt von den Indianern angegriffen, besonders von den kriegerischen Commanchen, Kiowas, Cheyennes und Arapahos.

Über 35 000 Cowboys nahmen bis zum Ende an den großen Viehtrieben nach Norden teil, darunter ungefähr ein Drittel Neger und Indianer. Bis 1895 trieb man ungefähr 10 Millionen Stück Vieh und über 1 Million Pferde über die verschiedenen Trails. Die Größe der einzelnen Herden schwankte beträchtlich, denn es war mit erheblichen Schwierigkeiten verbunden, so viele Tiere unter Kontrolle zu halten. Der Treck mußte sorgfältig geplant werden. Zu Beginn des Frühjahrs begann der »drover« – entweder ein Rancher oder ein Viehkäufer – die Herde zusammenzustellen. Das »round-up« konnte beginnen. Von den verschiedenen Ranches wurden die Tiere zu einer bestimmten Stelle getrieben, wo sie ein besonderes Brandzeichen erhielten, das anzeigte, daß die Herde den Besitzer gewechselt hatte. Danach wählte man den »trail boss« aus, dem die Cowboys bis zum Bestimmungsort unterstanden. Für seine schwierige Aufgabe erhielt er 125,00 $ im Monat, die Cowboys dagegen durchschnittlich nur 25,00 bis 40,00 $. Mehr Löhnung bekam der Koch, der mit zu den wichtigsten Personen gehörte. Gewöhnlich zog er mit seinem »chuck-waggon« der Herde voraus. Ferner gab es den »wrangler«, der sich um die Pferde kümmern mußte. Meistens war er der jüngste von allen. Die Pferdeherde nannte man »remuda«. Jeder Cowboy hatte gewöhnlich 2–6 Pferde zu seiner Verfügung. Das beste Pferd nahm er stets nur für die Nachtarbeit.

Zwei der erfahrensten Cowboys (point riders) ritten an der Spitze und achteten darauf, daß der vom »trail boss« eingeschlagene Weg eingehalten wurde. Sie waren es in erster Linie, die versuchten, die »Stampede« (Panik) unter den Rindern zu verhindern. Hinter ihnen befanden sich an jeder Seite die »swing riders« und dann die »flank riders«. Am Ende der Herde ritten die »drag riders«. Sie mußten den aufgewirbelten Staub schlucken und auf Nachzügler achten.

»Fight For The Water Hole« von Frederic Remington.

»Stampeded By Lightning« von Frederic Remington.

»The Fall Of The Cowboy« von Frederic Remington.

In den ersten Tagen wurde die Herde zur Eile angetrieben, um nach Möglichkeit tagsüber 25–30 Meilen zurückzulegen. Dadurch wollte man verhindern, daß die Tiere wieder umkehrten. Hatte man eine gewisse Entfernung zurückgelegt, verlangsamte man das Treiben auf ungefähr 10 Meilen pro Tag, was aber von den Gras- und Wasserverhältnissen abhing. Gegen Mittag konnten die Tiere trinken, um anschließend bis Sonnenuntergang grasend weiterzuziehen. Bei Einbruch der Dunkelheit umritten die Cowboys die Herde in immer engeren Kreisen, bis diese als kompakte Masse gezwungen war, sich niederzulegen. Mehrere Cowboys hielten Nachtwache und ritten langsam um die Herde, dabei summten und sangen sie ein Lied, um die Tiere zu beruhigen.

Am nächsten Morgen ritt der »trail boss« wieder voraus, zeigte den Weg, suchte gute Schlafplätze und Wasserstellen. Immer achtete er darauf, daß die Tiere nicht in »Stampede« gerieten, und um das zu verhindern, war es wichtig, vor dem Trinken die Enten aus den Flüssen und Wasserlöchern zu verscheuchen. Flogen diese mit hartem Flügelschlag plötzlich auf, konnte es geschehen, daß die Rinder sofort losrasten. Die Longhorns waren im Gegensatz zu anderen Tieren äußerst anfällig. Bei der geringsten Kleinigkeit, die sie erschreckte, gerieten sie sofort in Panik. Auf Grund ihrer Wildheit witterten sie in jedem Geräusch eine Gefahr. Viehdiebe und die Indianer hatten es daher recht leicht, die Herde in Panik zu versetzen, um in dem nun folgenden Durcheinander ihre Diebstähle zu begehen.

Im Sommer 1871 gelangten ungefähr 700 000 Stück Vieh nach dem Norden, eine Zahl, die nie mehr erreicht wurde. Allerdings fanden sich jetzt auch nicht mehr so viele Käufer wie früher. Die Hälfte des Viehs mußte auf der abgeweideten Prärie überwintern, so daß die die Kälte ungewöhnten Longhorns zum größten Teil erfroren. In diesem Jahr machten sich bereits die ersten Anzeichen bemerkbar, daß das große Treiben den Höhepunkt überschritten hatte. Konkurrenz trat auf den Plan durch eine neue Rinderrasse – einer Kreuzung zwischen den Longhorns und den schwereren Herefords aus Dakota und Montana. Im Norden der Plains setzte das Ranching ein. Die Viehzucht verbreitete sich immer mehr. Die Eisenbahn verband außerdem seit 1869 den Osten mit dem Westen, und die Viehzüchter bekamen somit Gelegenheit, ihre Tiere bequemer nach Chicago zu transportieren als das umständliche Treiben von Texas aus zu den meilenweit entfernt liegenden Verladebahnhöfen. Die riesigen Büffelherden waren im Aussterben, so daß überall die Rinder ungestört das Büffelgras fressen konnten.

Außerdem gingen im Osten die unwahrscheinlichsten, wildesten Gerüchte um, wieviel Geld man in kürzester Zeit durch die Viehzucht in der Prärie verdienen könne. Da das Land (Weideland) im Westen »öffentlich« war – es gehörte den jeweiligen Staaten oder der Union – konnte jeder dort sein Vieh grasen lassen. Es war deshalb nicht verwunderlich, daß die meisten Ranchers nicht Besitzer des Landes waren. Natürlich konnte ein Rancher oder Viehzüchter auf seine Rechte durch einen Hinweis in der Zeitung aufmerksam machen und die Grenzen seines Landes festlegen. Gleichzeitig zeigte er dabei sein Brandzeichen an. Durch das »customary range law« war es später strafbar, Vieh von einer Range – dem Weidegebiet – wegzutreiben. Eine weitere Art, die Gewohnheitsrechte durchzusetzen, bestand darin, daß man denjenigen, der trotzdem seine Herde in das betreffende Weidegebiet trieb, vom »roundup« ausschloß. Die Neuankömmlinge oder »sooners« rächten sich wieder, indem sie ein »roundup« vor dem der alteingesessenen Ranchers durchführten und die Mavericks (Tiere ohne Brandzeichen) mit ihrem eigenen Brandzeichen versahen. Die kleineren Ranchers versuchten auf diese Weise, sich einen Viehbestand aufzubauen.

Noch schlimmer waren allerdings die Viehdiebstähle, wobei man die Diebe als »rustlers« bezeichnete. Gegen Ende 1883 nahmen diese Diebstähle so überhand, daß die Ranchers in Montana beschlossen, sehr energisch dagegen vorzugehen. Im April 1884 verkündeten sie lautstark, nichts gegen die »rustlers« zu unternehmen. Insgeheim aber hatten sie jedoch das Gegenteil veranlaßt, um die Diebe in Sicherheit zu wiegen. Wenige Monate später erschossen oder erhängten sie kurzerhand ungefähr 60 »rustlers«. Wohl hatten die Ranchers die Lage damit wieder unter Kontrolle gebracht, aber ihre Tage waren doch gezählt. Es gab entschieden zu viel Vieh, so daß das Grasland kaum noch zur Viehzucht ausreichte. Nach Verkündigung des Homestead-Gesetzes von 1862 und den folgenden Änderungen strömten zudem immer mehr kleinere Farmer in die öffentlichen Ländereien, um ihre 160 acres Land in Anspruch zu

Unten: Ein Viehzug läuft in Abilene ein, während im Hintergrund gerade ein Zug abfährt. Vorn rechts das berühmte Drover's Cottage Hotel.

Die Farmer in Kansas fürchteten das Texas-Fieber, das die Rinder, die Longhorns, einschleppten. Sie versuchten daher mit allen Mitteln zu verhindern, daß das Vieh aus Texas durch ihr Gebiet zog. Die Jayhawkers, die auf den Bürgerkrieg zurückgehen, benutzten nun das Texas-Fieber, um nicht nur, wie hier auf dem Bild, die Cowboys zu verprügeln, sondern auch, um ihnen das Vieh zu stehlen.

Wieviel Streit sollte durch den auf Samuel Maverick zurückgehenden Begriff in der Geschichte des Cattle Trade entstehen!
Während des Krieges mit Mexiko (1846–1848) hatten die Rancher kaum Zeit, sich um die Kennzeichnung ihres Viehbestandes zu kümmern. Hierzu gehörte auch Colonel Samuel A. Maverick (links), der in der Nähe von San Antonio eine Herde besaß, die er 1845 als Zahlung angenommen hatte. Durch den Krieg gerieten die Tiere in Vergessenheit, so daß sie sich mehr als erwünscht vermehrten. Sie trieben sich überall herum, und sobald einer eines von ihnen sah, sagte er: »Das ist ein Maverick«. Die Gelegenheit war günstig, die Tiere einzufangen und mit dem eigenen Brandzeichen zu versehen. Als der Colonel später die Herde wieder eintrieb, wanderten immer noch genügend »Mavericks« umher, und so blieb der Begriff »Maverick« für ein Rind ohne Brandzeichen.

Richard King (Mitte) war der erste große Rancher in Texas. Eines Tages packte ihn die Idee, auf den riesigen Weiden zwischen dem Nueces und dem Rio Grande, Vieh zu züchten. Nach dem Ende des Bürgerkrieges besaß er bereits 300 000 acres, und als er 1885 starb ungefähr 500 000 acres. Seine Tiere mit dem Brandzeichen W traf man überall. Mehr Geschäftsmann als Cowboy, ritt er niemals nach Norden, obwohl seine Herden manchmal mehr als 10 000 Stück umfaßten. Noch heute ist die King Ranch eine der größten in den USA.

Joseph G. McCoy aus Springfield/Illinois (rechts) ist der Schöpfer und Vater des Texas Cattle Trade. Nach dem Bürgerkrieg begann er, Vieh an die neuen Schlachthäuser in Chicago zu verkaufen. Das genügte ihm jedoch nicht. McCoy war von den riesigen Herden in Texas fasziniert, und der Gedanke ließ ihn nicht mehr los, im Norden dafür einen Absatzmarkt zu finden. Aber erst einmal mußten die Tiere von Texas bis nach dem Norden zu den Bahnstationen getrieben werden. Er reiste nach Kansas, um dort die Lage zu studieren und um mit den Eisenbahngesellschaften zu verhandeln. Während andere Eisenbahnen seine phantastisch anmutenden Pläne ablehnten, schloß die »Hannibal and St. Joe Railroad« mit ihm einen Vertrag über Verlademöglichkeiten ab. McCoys Wahl fiel dabei auf Abilene/Kansas. Noch bestand Abilene im Jahre 1867 nur aus wenigen Holzhäusern. Allerdings hatte die Ortschaft große Vorteile zu bieten. Weideflächen gab es im Überfluß, und die Wasserverhältnisse galten als ausgezeichnet. Sofort kaufte McCoy östlich der Stadt Land, wo neben einem großen Hotel alle Einrichtungen für die Verladung des Viehs errichtet werden sollten.

Links: Im Frühling 1868 kamen die ersten dunklen Gestalten in Abilene an: Spieler, Bordellinhaber und Re-volverhelden. Die wilde Zeit der Rinderstädte begann. Die Cowboys trugen ihren Teil dazu bei. In Abilene angekommen, gaben sie das sauerverdiente Geld mit vollen Händen aus.

Thomas James Smith hatte erfahren, daß Abilene dringend einen Marshal brauchte. Im Sommer 1870 ritt er in die Stadt ein, die er innerhalb einiger Monate als erster zähmte. Für 150 Dollar monatlich und 2 Dollar für jede Verhaftung übernahm er die gefährliche und undankbare Aufgabe. Ständig sah man ihn auf seinem Pferd durch die Straßen reiten, während unter seiner Jacke die Revolver im Holster hingen. Meist gebrauchte er jedoch nur seine Fäuste, mit denen er jeden Cowboy blitzartig niederstreckte. Ohne zu töten, bezwang er die Cowboys und Gunmen. Mit Mut und Entschlossenheit setzte er seinen Willen durch – doch noch im glei-chen Jahr wurde er am 2. 11. 1870 bei einer Verhaftung außerhalb der Stadt brutal ermordet.

Rechts: Der gefürchtete James Butler Hickok oder »Wild Bill« wurde nach der Ermordung von Marshal Tom Smith trotz seines nicht gerade guten Rufes am 15. 4. 1871 zu dessen Nachfolger gewählt. Man nannte ihn »Prince of Pistoleers« und erzählte sich unglaubliche Geschichten von ihm. Ehe er nach Abilene kam, war er Constabler, Stage driver, Scout, Büffeljäger, Deputy Marshal, Marshal, und Sheriff gewesen. Er zog blitz-schnell und seine Devise hieß: »Zuerst schießen – dann fragen!« Daher ging es bei ihm nicht immer mit rech-ten Dingen zu. Wer geglaubt hatte, »Wild Bill« würde in Abilene für Ordnung sorgen, hatte sich getäuscht. Meistens saß er am Spieltisch. Er legte sich mit keinem der berühmten Outlaws wie Wes Hardin oder Ben Thompson an, die sich oft in Abilene aufhielten. Am 13. Dezember 1871 entließ ihn die Stadtverwaltung ohne jeglichen Dank. Später tauchte er in Deadwood, der berüchtigten Minenstadt in Montana auf, wo man ihn am 2. 8. 1876 niederschoß.

Broadway Street in Abilene um 1875. Zu dieser Zeit hatte Abilene bereits den Höhepunkt überschritten. Die Kansas & Pacific Railroad verlegte ihr Netz nach Ellsworth, das nun die Cowboys mit ihren Herden anzog. Später erholte sich Abilene wieder, als Kansas zu den größten Weizenlän-dern der USA gehörte.

Longhorns werden in die Güterwagen getrieben. Es hatte sich inzwischen herumgesprochen, daß man in Abilene Vieh nach dem Norden verladen konnte. Schon am 5. 9. 1867 verließ der erste Zug mit Longhorns die Stadt. Insgesamt verfrachtete man im ersten Jahr bereits 36 000 Stück Vieh, während es bis 1870 ungefähr 300 000 waren.

Unten:
Links: Eine Straße in Wichita/Kansas, ebenfalls ein Zentrum des Cattle Trade. Joseph McCoy hatte auch hier alles vorbereitet, um die Texas Longhorns seit 1872 so schnell wie möglich verladen zu können. Die Glanzzeit von Wichita dauerte vier Jahre. Wichita war tatsächlich noch wilder und ausgelassener als Abilene. Aber Mike Meagher, der bekannte Marshal, zähmte die Cowboys und Gunmen. Wie in Ellsworth tauchte Wyatt Earp auf, der für sich in Anspruch nahm, die Stadt gesäubert zu haben. Wyatt Earp diente aber nur als einfacher Polizist, war also nie City Marshal oder Assistant Marshal. Im Jahre 1876 mußte er den Dienst quittieren.

Rechts: Das Schild in der Front Street in Dodge City besagte, daß das Tragen von Feuerwaffen streng verboten ist. Die Santa Fe Railroad teilte die Stadt in einen Nord- und Südteil. Die Schienenstränge bildeten die Grenze. Südlich konnte man machen, was man wollte, aber nicht im Norden der berühmten Rinderstadt. Wer diesen Teil betrat, hatte seine Schießeisen abzugeben. Schon ehe die Cowboys nach Dodge City kamen, hatte die Stadt einen schlechten Ruf. Sie war der Mittelpunkt der Büffeljäger, die sich hier in der Prärie trafen. Die Frage taucht natürlich auf, woher die Cowboys eigentlich das viele Geld hatten, um ihren Vergnügungen nachgehen zu können. Sie bekamen nach einem Treiben von ungefähr 5 Monaten 150 bis 200 Dollar.
Marshal Lawrence Deger, Wyatt Earp, James Masterson und William Barclay (Bat) Masterson als Assistant Marshal versuchten, für Ruhe und Ordnung zu sorgen. Obwohl Dodge City als die wildeste Stadt galt, so ist es interessant festzustellen, wie viele Unruhestifter von den Ordnungshütern in den Jahren 1875–1885 erschossen wurden: Wyatt Earp: 1; Bat Masterson: 1; Dave Mather: 1. Es wird oft behauptet, daß die berühmten Sheriffs und Marshals des Wilden Westens so schnell und treffsicher schossen, daß niemand gegen sie ankam. Diese Zahlen lassen aber keinen Zweifel, daß es damit nicht so weit her war.

Viele Cowboys wurden in dem berühmten und berüchtigten Long
Branch Saloon in Dodge City erschossen. Die Kugellöcher in der Theke
erzählen genug von dem, was sich
hier abspielte.

»Saloon Scene« von Charles M. Russell.

»A misdeal« nannte Frederic Remington dieses Bild.
Ehe die Saloons öffneten, saßen die
Cowboys entweder an der Bar oder
spielten Karten. Wer es wagte, falsch
zu spielen, hatte meist kaum noch
Zeit, sich zu rechtfertigen.

James (Jim) Masterson war erst Assistant Marshal, dann Marshal von Dodge City. Im Jahre 1881 geriet er – zu dieser Zeit war er nicht mehr im Amt – mit dem Barbesitzer Al Updegraff in Streit. Bat Masterson erschien am 16. 4. 1881, um seinem Bruder zu helfen. Als er aus dem Zug stieg, erwarteten ihn bereits die Gegner von Jim. Jetzt begann die bekannte »Battle of the Plaza«. Bat verschanzte sich hinter den Geleisen, und an der Schießerei beteiligten sich so viele, daß zum Schluß niemand mehr sagen konnte, wer Updegraff schwer verwundete. Jim verließ daraufhin mit seinem Bruder die Stadt.

Eine zeitgenössische Darstellung eines Begräbnisses auf dem bekannten Boot Hill in Dodge City.

Der Boot Hill heute. Auf dem Boot Hill begrub man alle erschossenen Cowboys und Outlaws. Ausgrabungen zeigten jedoch, daß die meisten Toten gar nicht mit ihren Stiefeln beerdigt worden waren, also nicht eines gewaltsamen Todes gestorben waren.

Die Cowboys mußten sich auf die Beine und den Kopf des Rindes setzen, um mit dem heißen Eisen das Brandzeichen einbrennen zu können. Auch schnitt man in die Ohren Zeichen. Das Brennen mußte schnell und sorgfältig vor sich gehen. Selbstverständlich durfte das Brandzeichen nicht zu tief sein, aber auch nicht zu leicht angesetzt werden.

Einige berühmte Brandzeichen aus der Zeit des Cattle Trade. Schon unter Hernán Cortés, dem Eroberer von Mexiko, wurde das Vieh gekennzeichnet. Als sich die Viehzucht nach Kalifornien und Texas sowie bis nach dem Norden der USA verbreitete, übernahmen die Amerikaner den Brauch. Im Laufe der Zeit wurden die Brandzeichen immer zahlreicher und komplizierter, so daß man Brandzeichen-Bücher anlegte, um Irrtümer zu vermeiden.

Das Texas Longhorn.

Eine Viehherde durchquert einen Fluß.

Der range-boss. Er war für die Herde auf der Weide verantwortlich.

Eine Herde auf dem Trail.

Oben: Eine frühe Vieh-Ranch.

Mitte: Ob auf der Weide oder auf dem Trail, für die Cowboys war der chuckwagon einfach unentbehrlich. Der Koch selber wurde von allen respektiert. Niemand wagte es, ihn zu beleidigen.

Links: Chuckwagon und Kochzelt.

Oben und Mitte: Zweimal im Jahr führte man das roundup durch – im Frühjahr und im Herbst. Da die Weideflächen allen gehörten, die Vieh besaßen, mußte dieses zusammengetrieben werden, um im Frühjahr die Kälber mit dem Brandzeichen des Eigentümers zu versehen. Alle Rancher arbeiten während des roundup zusammen. Der größte von ihnen stellte Wagen und alles andere zur Verfügung. Ein erfahrener Cowboy wurde zum roundup captain oder wagon boss ernannt, und sein Wort war in dieser Zeit Gesetz.

Unten: Cowboys während des roundup. Im Hintergrund sieht man die Pferde. Der Cowboy brachte für seine schwere Arbeit ungefähr 10 Pferde mit, die er abwechselnd ritt, je nach der zu verrichtenden Arbeit. Der wrangler hatte die Aufgabe, sich um die Remuda, so nannte man die Pferdeherde, zu kümmern.

Eine Viehranch in Colorado.

Cowboys auf dem Trail.

Wenn es zum Essen ging, waren die Cowboys nicht mehr zu halten.

120

Cowboys in New Mexico auf der Ranch.

Ein Cowboy wird begraben.

nehmen. Sie umzäunten ihr Land und Wasserstellen mit Stacheldraht, der seit 1874 seinen Siegeszug in der Prärie angetreten hatte. Die großen »freien« Weideflächen verschwanden durch den Stacheldrahtzaun vollkommen. Die Ranchers wehrten sich zuerst dagegen und schnitten rigoros die Zäune durch, aber nach einer gewissen Zeit sahen sie selber die Vorteile einer Einfriedung für ihre Länder ein. Die Trockenheit machte der Viehzucht viel zu schaffen, doch der strenge Winter 1884/1885 im Norden schlug noch größere Wunden. Das Vieh wanderte in diesem Winter unaufhaltsam nach Süden, bis es auf einen 170 Meilen langen Zaun stieß, den hier die Viehzüchter errichtet hatten. Tausende fanden vor dem Zaun den Tod, die anderen stiegen über die steifgefrorenen Kadaver, um ihre Flucht in wärmere Gegenden fortzusetzen. Ein zweiter Zaun versperrte ihnen den Weg abermals. Das gleiche wiederholte sich. Die Verluste der Ranchers im Norden gingen in die Millionen. Der Sommer brachte dann eine außergewöhnliche Dürre, und die abgemagerten Tiere mußten zu ruinösen Preisen verkauft werden. Die Katastrophe schien aber noch nicht zu Ende zu sein, denn auch der folgende Winter brachte gewaltige Schneemassen. Als schließlich im Frühling 1887 das »roundup« einsetzte, stellte man fest, daß viele Ranchers bis zu 90 % ihrer Herde verloren hatten. Das große »beef bonanza« war zusammengebrochen, man konnte die Tage des Longhorns zählen. Die Katastrophe hatte aber gelehrt, daß man für den Winter Vorsorge treffen mußte. Die Rinder aus dem Süden eigneten sich nicht für das nördliche Klima.

Viel ist über den Wilden Westen und über seine Gesetzlosigkeit geschrieben worden, wobei besonders der Cowboy als schießwütig hingestellt worden ist. Im westlichen Grenzgebiet gab es verständlicherweise nur wenige ordentliche Gerichte. Hinzu kam, daß die Gesetze für den Wilden Westen aus dem Osten der Vereinigten Staaten stammten und meist nicht auf die hier herrschenden, besonderen Verhältnisse paßten.

In den »cattle-towns« und den anderen durch die »beef-bonanza« entstandenen Städten schoß man zwar mehr als anderswo, was historisch gesehen jedoch gar nicht so bedeutsam ist. Auch die berühmten Sheriffs und Marshals haben nicht so oft und so schnell den Revolver gezogen oder Menschen erschossen. Interessanter und bedeutsamer sind vielmehr die »range wars«, an denen manchmal Hunderte von Cowboys und viele dunkle Gestalten beteiligt waren.

Zu den berühmtesten zählt der Lincoln County War von 1876 in New Mexico, in dessen Verlauf über ein Dutzend Menschen getötet wurden. Es ging um Weiderechte, geschäftliche Interessen und politische Kontrolle, hier ganz besonders in der Stadt Lincoln. L. G. Murphy besaß eine Ranch, ein großes Warenhaus, ein Hotel und einen Saloon in der Stadt. Zu seinen Partnern gehörte u. a. Sheriff William Brady. Zur Gegenpartei rechneten John Chisum, Besitzer einer großen Ranch am Pecos River, der Engländer John Tunstall und Rechtsanwalt Alexander McSween. Diese versuchten, der anderen Partei in jeder Hinsicht und mit allen Mitteln Konkurrenz zu machen. Folglich suchten alle – gesetzlich oder ungesetzlich – nach Wegen, um die andere Partei auszuschalten. Sheriff Brady wollte rechtliche Ansprüche gegen McSween durchsetzen und beschlagnahmte Waren in dessen Store. Anschließend ritten er und seine Leute nach der Tunstall Ranch, um Vieh und Pferde wegzuholen. Unterwegs begegnete man Tunstall, der wahrscheinlich bei diesem Zusammentreffen kaltblütig niedergeschossen wurde. Dies war der Anlaß für einen monatelangen Krieg, der einmalig für den Wilden Westen ist: Auf die Bühne des Geschehens trat jetzt Billy the Kid, welcher kurz auf Tunstalls Ranch gearbeitet und Tunstall verehrt hatte. Zu dem Aufgebot, das die für den Mord an Tunstall angeblich verantwortlichen Männer verhaften wollte, gehörte auch er. Unterwegs griff man zwei Männer der Gegenpartei auf, die ohne zu zögern ermordet wurden. Schließlich bestimmte der Gouverneur von New Mexico, daß Sheriff Brady und ein Richter für die Durchführung der Gesetze verantwortlich wären und nicht der Friedensrichter. Brady und sein Hilfssheriff fielen aber kurz darauf Kugeln zum Opfer: Zu den Killern gehörte Billy the Kid. Als McSween am 14. 7. 1879 mit seinen Leuten in Lincoln einrückte und sich in seinem Haus verschanzte, nahm die Schießerei in der Stadt kein Ende mehr. Militär griff schließlich ein, so daß der neue Sheriff gewonnenes

»Pony Tracks On The Buffalo Trail« von Frederic Remington.

»The Grass Fire« von Frederic Remington.

»Scout's Report At Breakfast On The Plains« von Frederic Remington.

»Border Patrol« von Frederic Remington.

Spiel hatte. Es gelang, McSweens Haus in Brand zu setzen und die daraus flüchtenden Männer fast alle zu erschießen. Billy the Kid aber entkam. Obwohl allen Beteiligten Straffreiheit für ihre bisherigen Taten versprochen wurde, konnte Billy the Kid jetzt das Morden nicht mehr lassen. Pat Garrett, Sheriff von Lincoln County, jagte den jungen Billy unermüdlich und erschoß ihn am 14. 7. 1881 in einem Haus in Fort Summer.

Der Johnson County War aus dem Jahre 1892 gehört gleichfalls zu den berühmten Fehden im Westen Amerikas. In Wyoming herrschten große Rancher, die nach dem Bürgerkrieg ihre Herden aus dem Süden geholt hatten. Nach 1880 wanderten wie überall kleinere Farmer ein, die nach dem Homestead-Gesetz ihr Land in Besitz nahmen. Die Großen sahen auf die kleinen Leute, die Störenfriede, herab, während diese auf die Viehbarone nicht gut zu sprechen waren. Es konnte nicht ausbleiben, daß aus diesen Gefühlen heraus tödliche Feindschaft entstand. Revolverhelden beschützten die Weiden und das Vieh der mächtigen Rancher. Viehdiebe verschlimmerten die Lage noch mehr. Man versuchte alles, um die Farmer davon abzuhalten, die Weideflächen einzuzäunen. Schließlich holten die Großen zum Gegenschlag aus. Der Widerstand der Homesteaders nahm jedoch zu, zumal die Zeitungen für ihre Rechte Partei ergriffen. Die großen Ranchers beabsichtigten deshalb, ein Exempel zu statuieren. Aus Texas trafen 25 Revolverhelden mit der Eisenbahn ein, um zusammen mit den Wyoming Regulators die Farmer mit Gewalt und Mord zu vertreiben. Ihr Kommen war aber beobachtet worden, so daß ihre Aktion scheitern mußte, denn die Farmer waren jetzt genügend gewarnt.

Auf dem Weg nach Buffalo am 5. 4. 1892 griffen die Banditen die Hütte von Nate Champion an, der als erster ermordet werden sollte. Nach stundenlangem Kampf fiel er mit seinem Partner den Kugeln der Banditen zum Opfer. Aber auch hier hatte man die Bande erkannt, und als sie kurz darauf vor Buffalo ankam, mußte sie erfahren, daß eine größere bewaffnete Menge im Anmarsch war. Sie verloren den Mut, zogen sich rasch zurück und wurden in einer befreundeten Ranch belagert. Soldaten waren es, die sie am 13. 4. aus ihrer mißlichen Lage retteten. Der Johnson County War fand damit sein Ende – keine Partei hatte den Sieg errungen –, aber die mächtigen und einflußreichen Ranchers konnten doch nicht verhindern, daß sich die Siedler weiter ausbreiteten und mit Stacheldraht ihre Länder schützten. Nach langen Streitereien kamen die Großen auch auf die Idee, den Stacheldraht für ihre Zwecke zu benutzen und zäunten die öffentlichen Weideflächen ein. Den Homesteaders verwehrte man somit den Zutritt. Dies führte zum berühmten, sogenannten Fence Cutter War in Texas. Die Siedler durchschnitten die Zäune der Ranchers und nahmen sich das ihnen gehörende Land. Am Ende aber blieb der Stacheldraht Sieger, denn alle sahen den großen Vorteil ein, der beiden Parteien durch die Einzäunung ihrer Besitzungen geboten wurde.

Mit dem Ende der »range wars« hatte auch die Glanzzeit der Cowboys ihren Höhepunkt überschritten. Für die Viehherden gab es durch die Einzäunung kein Durchkommen mehr. Die Viehbarone wurden seßhaft, Eisenbahnen verbanden beinahe jeden Ort in der Prärie und machten das Treiben überflüssig, Städte wurden aus dem Boden gestampft, so daß für den Cowboy kein Platz in der Gesellschaft mehr war. Vor allen Dingen überrollte ihn jetzt die industrielle Entwicklung, der er sich wohl oder übel anpassen mußte. So schnell konnte er sich allerdings mit der neuen Lage nicht befreunden. Einige wenige wurden Siedler, andere wiederum wandten sich Berufen zu, die in irgendeiner Weise mit ihrem früheren Leben zusammenhingen. Sie wurden Fleischer, Mietskutscher oder Saloon-Inhaber. Es war jedoch für sie schwierig, sich eine Existenz aufzubauen, so daß einige in ihrer Verzweiflung Outlaws wurden. Sie konnten sich einfach nicht mit der neuen Gesellschaftsordnung abfinden. Letztlich blieb ihnen aber keine andere Wahl, sie mußten sich den geänderten Verhältnissen anpassen oder untergehen.

Die Bevölkerungszahl in den Staaten Texas, Nebraska und Kansas nahm außerdem bald so rapide zu, daß der Cowboy schnell in der Minderheit war. Seine beherrschende Rolle, die er ehemals spielte, hatte er damit vollends verloren.

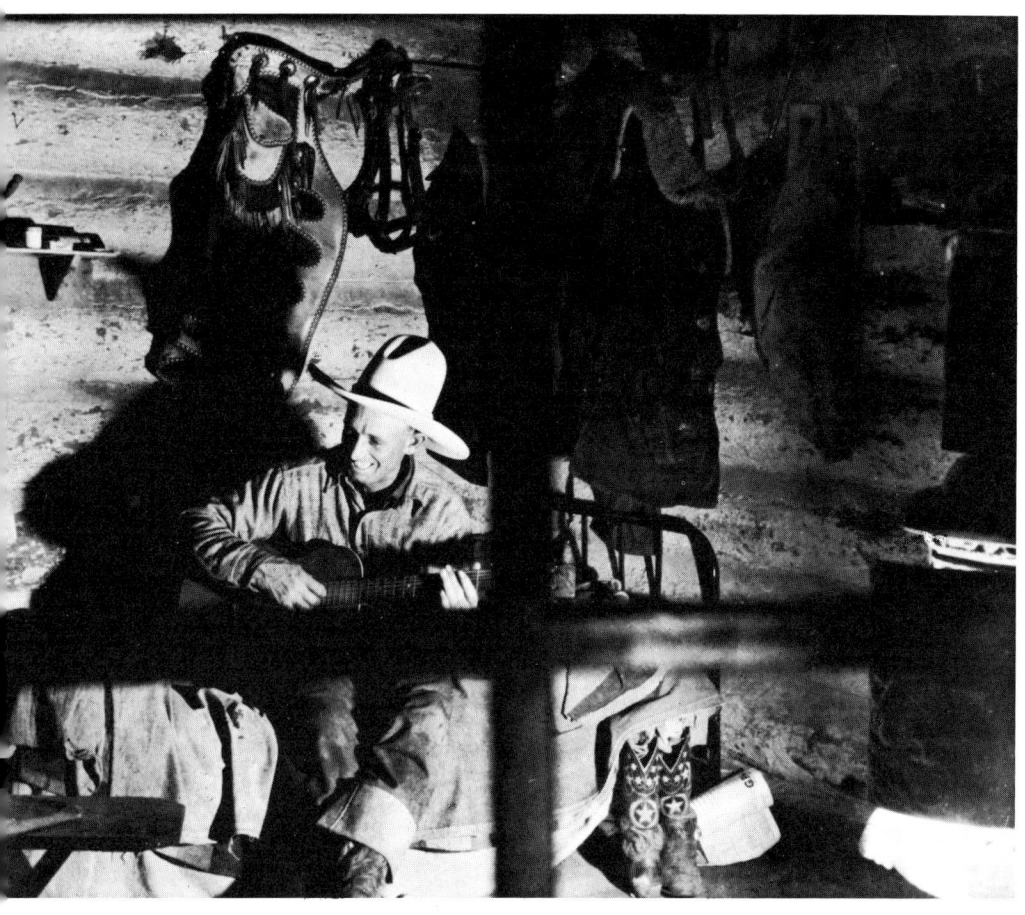

Abwechslung auf der Ranch gab es für den Cowboy kaum. Nach getaner Arbeit holte er wohl das Banjo oder die Fiddle hervor, und alle sangen dazu sentimentale Lieder. An und für sich war das normale Leben des Cowboys ziemlich eintönig. Da er nur unter seinesgleichen lebte, ist es verständlich, daß er sich Frauen gegenüber übertrieben höflich und zuvorkommend benahm. Bemerkte er, daß eine Frau schlecht behandelt wurde, griff er ohne zu zögern ein.

Schlafstelle des Cowboys im sogenannten bunkhouse, einem Gebäude abseits von der Ranch.

Die Arbeit auf der Ranch begann vor Sonnenaufgang und dauerte bis spätabends.

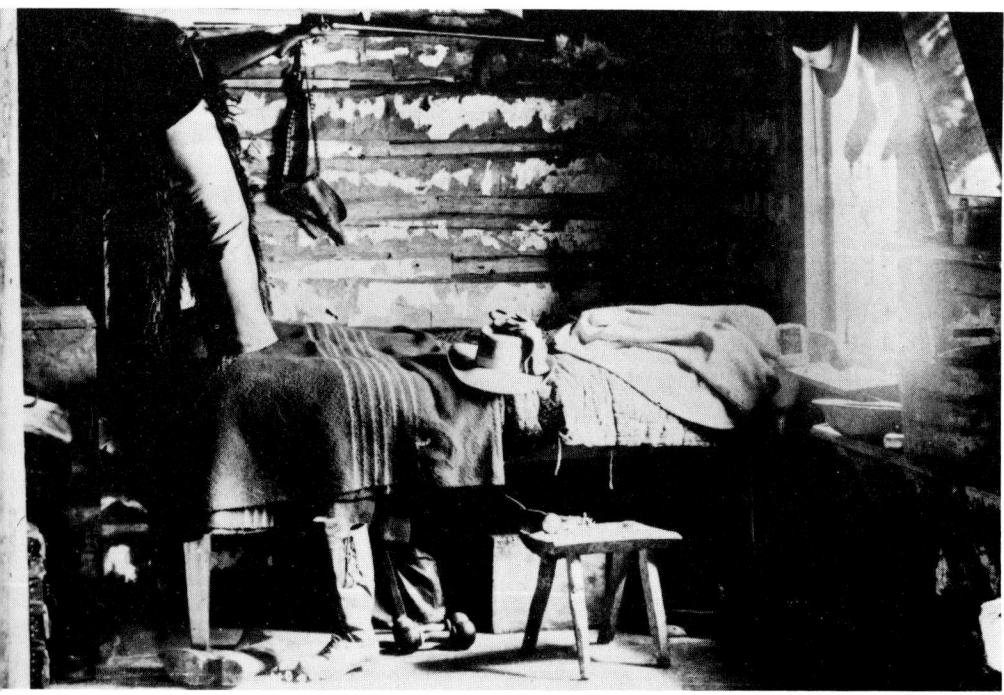

Das Lasso oder Lariat war für die Arbeit unentbehrlich. Der Cowboy konnte geschickt damit umgehen, erreichte aber selten die Fertigkeit des mexikanischen vaqueros.

Die Bettrolle gehörte zum unerläßlichen Bestand der Ausrüstung des Cowboys.

Der Sattel des Cowboys war nicht für Parforce-Ritte gedacht. Auf dem Trail ging es mehr um Bequemlichkeit. Außerdem mußte er fest im Sattel sitzen, wenn er mit dem Lasso arbeitete. Wie man sieht, war der Sattel ziemlich groß und breit. Er wog bis zu 15 kg. Durch die langen Steigbügel stand der Cowboy fast im Sattel.

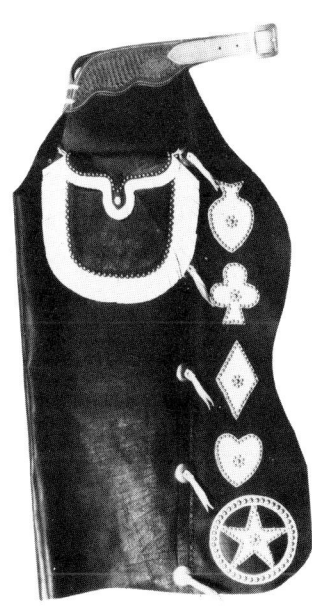

Die chaps legte der Cowboy um seine Stiefel und Hose, um sich gegen Dornen u. a. zu schützen.

Cowboys und Rancher erschießen Schafe und ihre Hirten. Die Schafherden drangen immer weiter nach Westen und Norden vor, und fraßen nach Meinung der Rancher und Cowboys den Rindern das Gras weg. Vor allem wehrten sich die Viehzüchter dagegen, daß die Schafe die Graswurzeln zertraten und das Gras bis zum Boden abfraßen, so daß es nicht wieder nachwuchs. Es entstanden daher erbitterte Fehden zwischen den Ranchern und den Schafhirten. Erstere schreckten vor nichts zurück und töteten Tausende von Schafen. Schließlich hörten auch hier die Gewalttätigkeiten auf, und die Schafe lösten teilweise die Rinder ab.

Vieh- und Pferdediebstähle nahmen in Montana ungeahnte Ausmaße an. Bekanntlich verstand man beim Pferdediebstahl keinen Spaß, denn Pferde waren erheblich teurer als die Rinder. Zuerst erwiesen sich die Indianer in den Reservationen als Meister des Pferdestehlens. Als dann die Outlaws die Vieh- und Pferdediebstähle organisierten, gründeten die Rancher im Jahre 1883 die Montana Stock Growers Association. Ihr Führer wurde Granville Stuart. Er versuchte anfänglich auf legalem Wege, den Dieben das Handwerk zu legen. Schließlich ging er zu härteren Maßnahmen über. Zusammen mit 14 Ranchern, die sich das Vigilance Committee nannten, säuberte er systematisch das Land von den Viehdieben. Als Stuart's Stranglers waren sie gefürchtete Rächer. Nach einem Jahr herrschte Ruhe. Wie viele »rustlers« ihnen zum Opfer fielen, ist nicht bekannt geworden. Die Schätzungen belaufen sich bis auf 75.

Die Einführung des Stacheldrahtes im Jahre 1874 führte zu blutigen Auseinandersetzungen zwischen den großen Ranchern und kleinen Farmern, den Homesteaders. Die kleineren Farmer zäunten die Weideflächen ein, was den Rancher wiederum veranlaßte, diese Einfriedungen zu durchschneiden. Besonders in Texas wogte die Auseinandersetzung hierüber hin und her. Die Texas Rangers mußten eingreifen, um dem Kampf ein Ende zu machen.

Nach dem Ende der Indianerkriege in Montana und Wyoming nahm in diesen Staaten die Viehzucht einen enormen Aufschwung. Die Beef Bonanza fand hier ihre Fortsetzung. Wyoming galt als das Mekka der reichen Rancher aus aller Welt. Der Cowboy im Nordwesten unterschied sich zwar von dem aus Texas, aber die zu leistende Arbeit war die gleiche. Conrad Kohrs (links) war einer der ersten und größten Rancher in Montana.

Schon vor der Stock Growers Association nahmen die Bürger von Montana das Gesetz in die Hand. Unter Captain James Williams, dem Anführer der Vigilanten (rechts), gelang es, die Gesetzlosigkeit einzudämmen.

Vigilantes Around!!
No More Murders!!!

Behold the fate of this man. The same terrible end awaits all murderers. Life and the public security is too sacred not to be protected, even by a resort to the unpleasent means of Lynch Law.

Take Warning! Take Warning!!

Else, ye murderers, the fate that this brute Schrappie has met with awaits you.
By order of Committee of Vigilantes

Eine Warnung des Komitees, welches Schicksal den Banditen drohte, wenn sie den Vigilanten in die Hände fielen.

Charlie McKay's Ranch in Montana.

Das Hauptquartier der Vigilanten in Virginia City/Montana. Im oberen Stockwerk trafen sich die Männer, um ihre Aktionen gegen die Outlaws zu planen.

Oft paßte es den Bürgern nicht, wenn die Outlaws oder andere dunkle Gesellen von den ordentlichen Gerichten abgeurteilt werden sollten, wo sie nach ihrer Meinung mehr Gnade als Recht fanden. Sie stürmten daher die Gefängnisse, holten das Opfer heraus, und hängten es am nächsten Baum oder Telegraphenmast auf.

Links: George Wetherell, am 4. 12. 1888 gehängt.

Unten Mitte: Zwei Outlaws baumeln am »Hanging Tree«.

Unten rechts: Ein aufgehängter Outlaw.

Unten links: James Daniels wurde am 29. 11. 1865 von Vigilanten in Helena/Montana aufgehängt. Der Baum ist in die Geschichte als »Hanging Tree« eingegangen.

130

Die Angst steht dem Outlaw im Gesicht geschrieben, der von Vigilanten zur Hinrichtung abgeführt wird.

Vigilanten halten Gericht über drei Pferdediebe.

Nicht nur in Dodge City/Kansas gab es den bekannten »Boot Hill« (Stiefel-Hügel), wo angeblich die Outlaws begraben wurden. Die Vigilanten in Virginia City hatten ebenfalls ihren »Boot Hill«.

Eine der bekanntesten Gestalten des Wilden Westens war Billy the Kid. Er wurde in den berühmten Lincoln County War/New Mexico verwickelt, aus dem er als Outlaw hervorging.

REWARD
($5,000.00)

Reward for the capture, dead or alive, of one Wm. Wright, better known as

"BILLY THE KID"

Age, 18. Height, 5 feet, 3 inches. Weight, 125 lbs. Light hair, blue eyes and even features. He is the leader of the worst band of desperadoes the Territory has ever had to deal with. The above reward will be paid for his capture or positive proof of his death.

JIM DALTON, Sheriff.

DEAD OR ALIVE!
BILLY THE KID"

Belohnung zur Ergreifung von Billy the Kid. Murphy war gestorben, und John Chisum zog sich aus dem Kampf zurück. Aber Billy the Kid setzte ihn fort. Der neuernannte Gouverneur von New Mexico, Lew Wallace, (Autor von »Ben Hur«) wollte der Gesetzlosigkeit endlich ein Ende machen und erließ für alle eine Amnestie. Mit Billy the Kid hatte er am 6. 3. 1879 eine persönliche Unterredung.

Rechte Seite:
Oben links: Sheriff Patrick F. Garrett und seine Leute jagten Billy the Kid und seine Leute von nun an gnadenlos. Am 21. 12. 1880 mußte sich Billy the Kid nach einem Feuergefecht ergeben. Er wurde zum Tode verurteilt, konnte aber durch einen Trick wieder aus dem Gefängnis entfliehen. Zwei Wächter ließen dabei ihr Leben.

Drei Monate dauerte die Jagd, ehe Pat Garrett Billy the Kid im Hause eines gemeinsamen Bekannten, Pete Maxwell, in Fort Sumner (unten links) aufspürte. Am 14. 7. 1881 lauerte er ihm dort auf und erschoß ihn ohne Anruf. Über die näheren Umstände des Kampfes herrschte lange Unklarheit, denn man war nur auf den Bericht von Garrett angewiesen. Dieser schrieb an Gouverneur Wallace: »Es war mein Wunsch, in der Lage zu sein, ihn lebend gefangenzunehmen, aber da er so plötzlich und unerwartet auf mich zukam, war ich im Glauben, daß er mich längst gesehen hatte, als ich in das Zimmer ging, oder irgend jemand hat ihm dies berichtet, und daß er nun hereinkam, mit Pistole und Messer bewaffnet, um mich zu töten, falls er es konnte. Unter diesem Eindruck hatte ich keine andere Wahl als ihn zu erschießen oder unter seinen Händen zu sterben.« Ob Billy the Kid mit seinen 21 Jahren wirklich so viele Menschen ermordet hat, wie man behauptet, spielt für seine Beurteilung keine Rolle, denn trotz aller versuchter Ehrenrettungen bleibt die Tatsache bestehen, daß er ein Outlaw war.

Die Tragödie begann mit John Simpson Chisum, dem Rinderkönig von Bosque Grande (rechts). Er beherrschte nicht nur die Weideflächen des Pecos Valley, sondern auch den Viehhandel. Seine Gegner, die Lincoln County politisch und wirtschaftlich beherrschten, versuchten, sich gleichfalls in das Viehgeschäft einzuschalten. Die Spannung zwischen den beiden feindlichen Parteien verschärfte sich durch Viehdiebstähle, wobei einer den anderen beschuldigte. Der frühere Major L. G. Murphy errichtete 1875 in Lincoln ein Warenhaus und schwang sich zum Anführer der Gegenpartei auf. Als der englische Rechtsanwalt Alexander McSween auf Chisums Seite überwechselte, wuchs der Haß auf beiden Seiten noch mehr an. Die

Situation trieb dem Siedepunkt zu, als John H. Tunstall, gleichfalls ein Engländer, zusammen mit McSween in Lincoln noch ein Warenhaus eröffnete, in dem Chisum ein Bankgeschäft einrichtete.
Billy the Kid stand auf der Seite von John H. Tunstall. Als dieser in einem von Murphy angezettelten Rechtsstreit am 18. 2. 1878 von einem Aufgebot erschossen wurde, entbrannte der Krieg mit voller Wucht. Nach endlosen Morden und Schießereien begann der Höhepunkt des Lincoln County

War am 14. 7. 1879, als sich Billy the Kid mit 14 Mann im Haus von McSween in Lincoln verschanzte. Nach dreitägigem Kampf griff die Armee ein. Sie verhinderte aber nicht, daß während der Verhandlung das Haus in Brand gesteckt wurde und nur Billy the Kid mit vier Mann entkommen konnte. McSween erschoß man trotz hocherhobener Hände. Damit hatte der Lincoln County War sein Ende gefunden.

Das Geschäft von McSween.

*Linke Seite oben: Cheyenne in Wyo-
ming um 1869 – Mittelpunkt der Viehbarone im Kampf gegen die Homesteaders.*

*Linke Seite unten: Die Viehbarone
in Wyoming hatten sich nach den
Winterkatastrophen von 1884–1886
wieder erholt. Sie kamen jetzt in Kon-
flikt mit den Homesteaders, die zwischen den Big Horn Mountains und
dem Powder River saßen. Sie kontrol-
lierten Johnson County mit Buffalo
als Stadt. Hier eine Straßenszene aus
Buffalo.*
*Die Cattlemen im Süden des Landes
beklagten sich, daß die kleinen Farmer
das Vieh auf ihren Weideflächen wei-
deten, Zäune errichteten und Vieh
stehlen würden.*

*Rechts: Frank Clanton, ehemaliger
Sheriff, galt als die rechte Hand von
Wolcott im Johnson County War.
In Colorado heuerte er Revolverhelden
für fünf Dollar Tagesspesen und 50
Dollar für jeden getöteten Homesteader
an. In Denver mietete man einen Son-
derzug der Union Pacific, mit dem
sie am 5. 4. 1892 in Cheyenne eintra-
fen. Gegen Abend dampfte der Zug
weiter mit 52 schwerbewaffneten Männern, um nach einem von Wolcott
militärisch festgelegten Plan den
»Krieg« zu beginnen. Am folgenden
Tag erreichte der Zug den Ort Casper.
Statt nun von hier direkt nach Buffalo
zu reiten, räucherte man unterwegs
zwei ehemalige Cowboys auf der KC
Ranch aus, die auf der Abschußliste
(insgesamt 70 Mann!) standen. In
Buffalo aber war man dadurch gewarnt und bereitete sofort eine Gegen-
aktion vor.*

*Rechts: Die Großen beherrschten
politisch den Staat und brachten deshalb ein Gesetz durch, nach dem alle
»roundups« unter Aufsicht eines state
inspectors festgelegt wurden. Die Homesteaders wollten daraufhin im Frühjahr
1892 im nördlichen Wyoming selbst
ein »roundup« durchführen. Daraufhin wählte die Stock Growers Association, der die Viehbarone angehörten,
den ehemaligen, bulligen Major Frank
E. Wolcott zum Anführer der Regulatoren, um die Homesteaders zu bekrie-
gen.*

Rechte Seite oben: Ein Homesteader hatte beobachtet, wie sie die RC Ranch belagerten und die zwei Cowboys erschossen. Damit war für sie der eben begonnene Krieg verloren. Unter Sheriff Angus stellte man in Buffalo ein Aufgebot von mehreren Hundert Männern zusammen. Am Morgen des 10. 4. 1892 zogen sie in Richtung Süden los. Die Regulatoren marschierten nach Norden auf Buffalo zu, mußten sich aber in der TA Ranch verschanzen. Drei Tage lang wurden sie hier belagert, bis die US-Kavallerie sie schließlich aus ihrer bedrohlichen Lage befreite und in Gewahrsam nahm. Hier stellten sie die gefangenen Viehbarone und ihre Helfershelfer dem Photographen. Ihre Haft war eine Farce. Eine Verhandlung gegen die Viehbarone fand nie statt, sie waren viel zu einflußreich. Der Johnson County War löste sich in nichts auf.

Mitte: Die Wild Bunch oder »Hole in the Wall Gang«. Auf dem Bild sieht man von links nach rechts (stehend): William Carver und Harvey Logan; sitzend von links nach rechts: Harry Longbaugh, Ben Kilpatrick und Butch Cassidy. Die Wild Bunch trug durch ihre Viehdiebstähle viel zur schlechten Stimmung der großen Rancher gegen die Homesteaders bei. Die Bande hielt sich in dem unwirtlichen großen Tal »Hole in the wall« im Norden von Wyoming auf, das einen Schlupfwinkel für viele Outlaws, Viehdiebe und Indianer bildete. Die Wild Bunch, eine gefährliche Bande, wurde nach 1890 Mann für Mann ausgelöscht.

Unten: Blick auf Tombstone in Arizona, wo das bekannte Gefecht am OK Corral mit den Earps und den Clantons stattfand.

Ella Watson (links) und Jim Averill (Mitte) sollten den Haß der Viehbarone besonders zu spüren bekommen. Jim Averill als Partner von Ella Watson, die einen Saloon unterhielt, beschimpfte in Briefen an Zeitungen die großen Rancher. Da Ella Watson auch noch eine kleine Ranch besaß, wurden sie und ihr Partner des Viehdiebstahls beschuldigt. Obwohl man sie warnte, glaubten sie den Drohungen nicht. Aber im Juli 1889 holten die Rancher beide ab und knüpften sie kurzerhand auf.

William H. (Red) Angus, Sheriff von Johnson County (rechts), war ein Freund der Homesteaders und drückte auch bei Viehdiebstählen gegenüber den großen Ranchern ein Auge zu. Er organisierte den Widerstand gegen die Regulatoren, als diese auf Buffalo vorrückten. Er belagerte die Rancher und ihre Revolvermänner in der TA Ranch.

Virgil Earp im Jahre 1887. *Wyatt Earp im Jahre 1885.* *James Earp im Jahre 1885.*

Berühmtheit erlangten die Brüder Earp und John H. (Doc) Holliday durch das Gefecht am OK Corral in Tombstone, das durch die Fehde mit den Clantons ausgelöst wurde. Über die Zeit der Earps und deren Fehde in Tombstone, der Silberstadt in Arizona, werden immer noch Legenden und Unwahrheiten verbreitet. So war Wyatt Earp nie Sheriff in Tombstone, ehe er Arizona wieder verlassen mußte. Keiner der Brüder wurde hier zum Marshal gewählt, obwohl sie sich darum bemühten. Virgil Earp war zur Zeit des Gefechtes am OK Corral City Marshal. In Tombstone hielten sich viele bekannte Outlaws auf, wie die Clantons (Vater und drei Söhne), Frank und Tom McLowery, Curly Bill Brocius und der gefährliche Johnny Ringo. Nach einem Postkutschenüberfall verdächtigten die Earps und die Clanton-Bande sich gegenseitig. Die Spannung zwischen den Parteien erreichte im Oktober 1881 den Höhepunkt. Entgegen allen Legenden dachten die Clantons und McLowery an keinen Streit, als sie am 26. 10. 1881 die Brüder Earp und Doc Holliday auftauchen sahen. Sie waren vielmehr im Begriff, die Stadt zu verlassen, und wollten jedem Ärger aus dem Wege gehen. Wie hätte es sonst auch geschehen können, daß Ike Clanton und Tom McLowery unbewaffnet waren und dies sogar den Earps andeuteten. Als nun Virgil Earp in seiner Eigenschaft als City Marshal die vier Outlaws Ike und Billy Clanton, Frank und Tom McLowery aufforderte, die Hände hochzuheben, was diese auch sofort taten, eröffneten die Earps und Doc Holliday sofort das Feuer. Nach 30 Sekunden war das »Gefecht« vor dem OK Corral, das berühmteste des Wilden Westens, vorüber. Tom und Frank McLowery sowie Billy Clanton lagen ermordet am Boden.

John H. (Doc) Holliday.   *Der OK Corral.*

*Links: William Milton Breckenridge war ein aufrichtiger Gesetzeshüter und nicht so undurchsichtig wie die
Earp-Brüder oder Wild Bill Hickok. Von 1878 bis 1879 diente er als Deputy Sheriff, um zusammen mit She-
riff Tom Broadway die Outlaws aus Phoenix/Arizona zu vertreiben. Sheriff Behan ernannte ihn zu seinem
Deputy, als das Cochise County (Tombstone) geschaffen wurde. Er verstand es, sich bei den Revolverhelden
Respekt zu verschaffen. Auch der berüchtigte Johnny Ringo wagte sich nicht an ihn heran.*

*Rechts: Richter Isaac Charles Parker, der »Hanging Judge«! Er wurde 1875 nach Fort Smith (Arkansas) am
Rande des Indian Territory, dem späteren Oklahoma, entsandt, um als Bundesrichter für Ruhe und Ordnung zu
sorgen. Pferdediebstähle, Whiskey-Schmuggel, Überfälle und Morde nahmen überhand. Das Gesetz wollte
er rigoros mit dem Strick durchsetzen, und er tat es auch. Der Henker bekam reichlich zu tun. Massenhinrich-
tungen waren nicht ungewöhnlich – bis zu 6 Mann wurden auf einmal aufgeknüpft (12 Galgen waren vorhanden).
Der bibelgläubige Richter vergalt Auge um Auge, Zahn um Zahn. In den Jahren seiner Tätigkeit bis 1896
fällte er 8600 Schuldsprüche und 1700 Freisprüche. Insgesamt verurteilte er 168 Männer und Frauen zum
Tode, und 79 mußten den schweren Gang zum Galgen antreten. Im Jahre 1896 enthob ihn Washington seines
Postens, und Isaac Parker starb vor Gram über das ihm angeblich angetane Unrecht. Noch in seiner Todesstunde
verteidigte er sich damit, daß er selbst niemanden aufgehängt, sondern dies das Gesetz getan habe.*

Oben links: William M. Tilghman verfolgte unerbittlich Bill Doolin, früher Mitglied der Dalton Bande. Die Outlaws unter Doolin hatten ihr Quartier in dem kleinen Städtchen Ingalls, Oklahoma, wo ihnen die Bewohner durchaus freundlich gesinnt waren. Als am 1. 9. 1893 ein Aufgebot von mehreren Marshals in die Stadt eindrang und nach einer wilden Schießerei zwei von ihnen erschossen am Boden lagen, erhielten die drei berühmten Gesetzeshüter Tilghman, Chris Madsen und Heck Thomas den Befehl, Bill Doolin und seine Bande endlich zu verhaften oder unschädlich zu machen! Deputy Marshal Tilghman erfuhr, daß sich Bill Doolin im Basin Hotel in Eureka Springs, Arkansas, aufhalten würde, wo ihm auch am 12. 1. 1896 tatsächlich die Verhaftung gelang.

Oben rechts: Sam Bass, Eisenbahnräuber von Texas. Links auf dem Bild Jim Murphy, der ihn verriet. Ob der Mann in der Mitte wirklich Sam Bass ist, ist umstritten. Obgleich Sam Bass aus dem Norden stammte, gewann der Eisenbahnräuber die Sympathien und Bewunderung der Texaner. Er geriet auf Abwege, als er mit einigen Gefährten im Jahre 1876 das Geld für eine verkaufte Rinderherde restlos verspielte. Mit anderen Unternehmen hatte er auch kein Glück mehr, so daß er beschloß, zunächst Postkutschen in South Dakota, die von den Goldgräbern kamen, zu überfallen. Der große Coup gelang am 18. 9. 1877, als man bei Big Spring, Nebraska, 3000 neue Zwanzig-Golddollar-Stücke erbeutete. Auf der Flucht vor den Verfolgern konnte sich Sam Bass bis nach Texas durchschlagen. Hier setzte er mit seinen Helfershelfern unverzüglich die Überfälle fort, die aber kaum noch Geld einbrachten. Schließlich verfolgten ihn die Texas Rangers. Am 19. 7. 1878 wurde er durch Verrat in Old Round Rock von den Texas Rangers gestellt und schwer angeschossen. Nach zwei Tagen starb er, nachdem er sich ergeben hatte.

Links: Chris Madsens Devise war die gleiche wie »Wild Bill« Hickoks: Zuerst und sofort schießen und dann fragen! Dies galt für das Oklahoma-Territory, wo es von Banditen nur so wimmelte. Kaum ein Outlaw war vor ihm sicher, er verfolgte sie gnadenlos.

Roy Bean (1825–1903) – (links) – hielt seine Gerichtsverhandlungen in seinem eigenen Saloon »The Jersey Lilly« ab. Im Jahre 1882 kam der Whisky liebende Roy Bean nach Vinegaroon – eine Eisenbahnsiedlung – und wurde zum Friedensrichter in Pecos County ernannt. Niemand war hier bisher mit den wilden Gesellen fertiggeworden, aber er vermochte es; nicht zuletzt durch seinen Witz. Von Gesetzestexten verstand er überhaupt nichts. Er urteilte, wie es ihm gerade einfiel, traf jedoch meist das Richtige. Als die Southern Pacific Railroad weiterzog, ging er nach Langtry, wo er über 20 Jahre seine Herrschaft ausübte. Die Anekdoten über ihn sind unzählig. Ein Eisenbahnarbeiter hatte im Streit einen Chinesen erschlagen. In seinem zerlesenen, zerfetzten Gesetzbuch blätterte er nach, fand aber keine Zeile darin über Chinesen. Folglich ließ er die Anklage fallen. Seine eigentümliche Gesetzesauslegung schaffte aber westlich des Pecos Ordnung und ihm Respekt. Er verstand es jedoch auch, aus seinem Richteramt Geld zu machen. Ein Beispiel ist die Geschichte eines unbekannten Verstorbenen. Er verurteilte diesen nachträglich kurzentschlossen zu 40 000 Dollar Geldstrafe wegen verbotenen Waffentragens und kassierte das Geld auf der Stelle. Mehr hatte der Tote nicht bei sich gehabt.

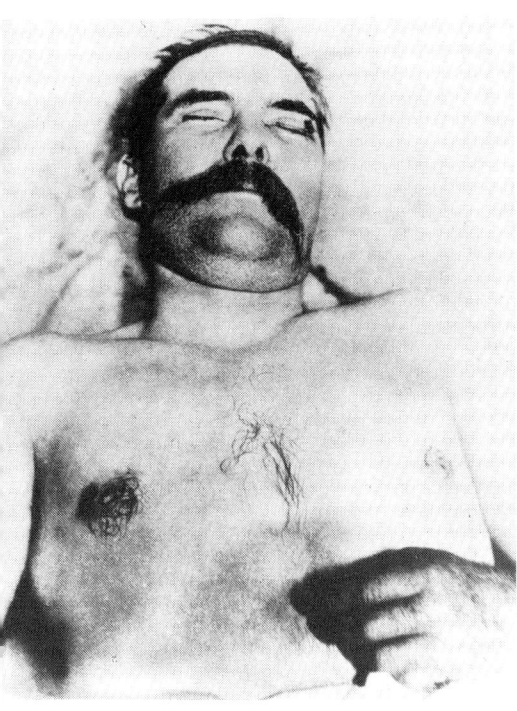

Jesse James, ehe er in einem 500-Dollar-Sarg beigesetzt wurde (links).

John Wesley Hardin (1853–1895) ist wohl der brutalste Killer des Wilden Westens. Nach jedem Mord gebrauchte er stets die gleiche Entschuldigung: Man habe ihn zum Ziehen des Revolvers gezwungen! Wes Hardin, der aus Texas stammte, wurde bekannt durch die berühmte Sutton-Taylor-Fehde, wobei er auf Taylors Seite kämpfte und mordete. Als er am 26. 5. 1874 den Deputy Sheriff von Comanche County, Charles Webb, erschoß, jagten ihn die Texas Rangers. Lieutenant John B. Armstrong und Detektiv John Duncan verhafteten ihn am 23. 8. 1877 in Pensacola/Florida in einem Eisenbahnzug. Seine 25 Jahre Zuchthaus brauchte er nicht ganz abzusitzen. Im Jahre 1894 wurde er entlassen. In El Paso legte sich Wes Hardin am 19. 8. 1895 mit Old John Selman an, mit dem er einen Streit vom Zaun brach und der ihn erschoß.

Die größte legendäre Figur des Wilden Westens ist Jesse James (1847–1882). Er soll, wie es heißt, den Armen geholfen haben. Er war aber wie die meisten Outlaws schlicht nur ein Killer und Verbrecher. Nicht einen Cent gab er jemals den Bedürftigen. Jesse James gehörte schon früh zur berüchtigten Bande von Charles Quantrill, wo er Mord, Pferdediebstahl und andere Verbrechen lernte. Unter dem Deckmantel, für die Südstaaten zu kämpfen, wurde gemordet und geraubt. Im Jahre 1864 trennte sich Jesse James von ihm und gründete seine eigene Bande.

Am 7. 9. 1876 ereilte die James-Younger-Bande in Northfield, Minnesota, das Schicksal. An diesem Tag versuchte sie, unter Führung von Jesse James, die First National Bank auszurauben. Als die Bürger sich von ihrem ersten Schreck erholt hatten, eröffneten sie das Feuer, und zwei Banditen lagen im Staub der Straße. Über 40 Minuten dauerte die wilde Schießerei, ehe Jesse James den Rückzug befahl. Die Younger-Brüder konnten auf der Flucht verhaftet werden. Die Uhr war für Jesse James abgelaufen. Auf seinen Kopf stand eine Belohnung von 20 000 Dollar. Am 3. 4. 1882 erschoß ihn Bob Ford, sein Vetter, in St. Joseph/Missouri, von hinten mit einer Schrotflinte.

Das Haus, in dem Jesse James erschossen wurde.

Zu den letzten Outlaws des Wilden Westens gehörten die Brüder Dalton – Grat, Bob und Emmett –, die Eisenbahnüberfälle in Oklahoma verübten. Ein riesiges Aufgebot jagte die Daltons und ihre Spießgesellen, die in ihren Höhlen unauffindbar waren. Zu Hilfe kam ihnen hierbei ihr im Wilden Westen einmalig ausgebildetes Spionagesystem unter Leitung der Freundin von Bob Dalton, Florence Quick.

Die Laufbahn der Daltons begann 1891, fand aber ein schnelles Ende, als man beschloß, zwei Banken in Coffeyville/Kansas auszurauben. An dem Überfall am 5. 10. 1892 nahmen neben Bob, Grat und Emmett noch Dick Broadwell und Bill Powers teil. Die Banditen wurden aber schnell erkannt, und ganz Coffeyville war alarmiert. Schießend mußten sie sich einen Weg zurück zu ihren Pferden bahnen. Jeder von ihnen wurde getroffen und blutete aus mehreren Wunden. Nach zehn Minuten war die Schlacht in Coffeyville beendet. Vier Bürger und vier Banditen hatten ihr Leben gelassen und lagen im Schmutz der Straße.

Bob und Grat Dalton werden unmittelbar nach dem Gefecht dem Photographen gezeigt. Wahrscheinlich leben sie noch, liegen aber in den letzten Zügen.

Eine Stunde später: Hier liegen die toten Banditen: Bill Powers, Bob Dalton, Grat Dalton und Dick Broadwell.

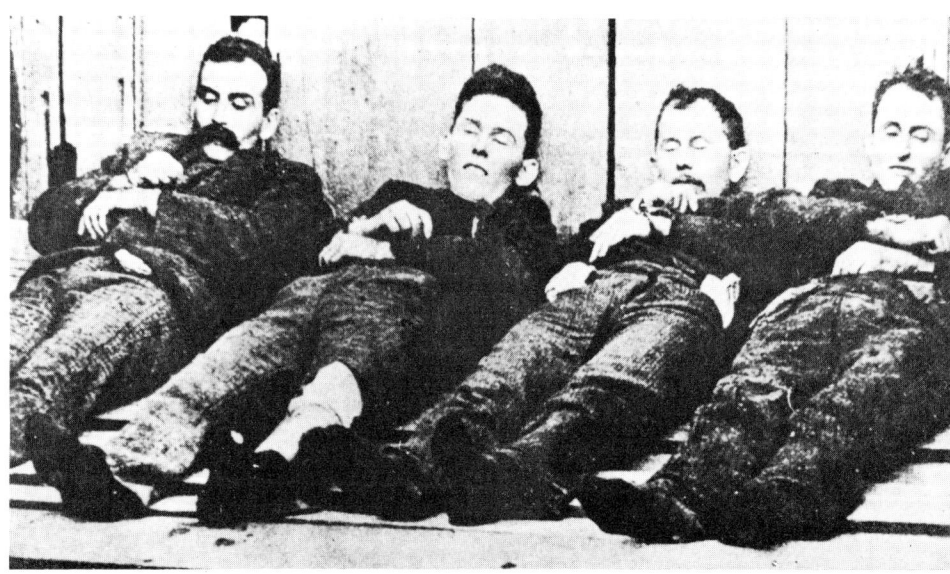

Doc Middleton, ein berühmter und gefürchteter Pferdedieb des Wilden Westens.

Black Jack Tom Ketchum war eine besonders interessante Gestalt aus dem Wilden Westen. Er besaß Selbstdisziplin, was man von den meisten Outlaws nicht sagen konnte. Als Cowboy kam er auf die schiefe Bahn. Zusammen mit seinem Bruder Sam und einigen anderen suchte er New Mexico heim, besonders hatte man sich auf Eisenbahnüberfälle spezialisiert. Jack Black Ketchum wurde am 23. 4. 1901 bei einem Feuergefecht verwundet und verhaftet. Da in New Mexico auf Zugüberfälle die Todesstrafe stand, mußte er am 25. 4. 1901 am Galgen sterben.

Die Sontag-Brüder aus Kalifornien waren gleichfalls berüchtigte Eisenbahnräuber, bis ihnen im Jahre 1892 die Pinkerton-Detektive auf die Spur kamen. Im August 1892 flohen sie mit 5000 Dollar Beute, aber im Juni 1893 stellte man John Sontag und seine Helfershelfer. In der »Battle of Sampson's Flats« wurde John Sontag von Kugeln durchsiebt. Hier der Sheriff mit seinem Aufgebot und John Sontag in der Grube.

Die Texas Rangers mußten anfänglich gegen zwei verbissene Gegner kämpfen: Indianer und mexikanische Banditen. Gnade kannte man beiderseits nicht, und Gefangene machte der Texas Ranger nur selten. Hier sieht man, daß man mit den mexikanischen Banditen nicht gerade zart umgegangen ist.

Company E, Frontier Bataillon der Texas Rangers.

Company D, Frontier Bataillon der Texas Rangers.

Eine Uniform kannte der Texas Ranger nicht. Er verpflichtete sich nur für eine bestimmte Zeit. Außer Waffen mußte er alles mitbringen. Der Colt oder Six-shooter, wie er ihn nannte, war seine gefürchtete Waffe. Indianer, Mexikaner und Outlaws haßten den Texas Ranger. Die hier abgebildeten Männer des Frontier Bataillons gehörten zu einer Einheit, die gegen Diebe und Mörder eingesetzt werden sollte. Die Entwicklung nach dem Bürgerkrieg brachte Fehden zwischen den Clans, Gesetzlosigkeit an der Grenze mit mexikanischen Banden, verwilderten Cowboys und Outlaws. So kämpfte das Frontier Bataillon bis in die 90er Jahre hinein gegen alle gesetzlosen Elemente in Texas.

Der Untergang der Prärie-Indianer

Die Erschließung des Westens, der Prärie, durch Siedler, Eisenbahn, Ranchers und Cowboys mit ihren riesigen Viehherden, war nur durch die Zurückdrängung und Vernichtung der Prärie-Indianer möglich gewesen. Dieses dunkle Kapitel der amerikanischen Geschichte ist auch zugleich das letzte des Wilden Westens. Mit dem Ende der Indianerkriege im Westen setzte der Rückzug der Cowboys ein, die Outlaws verschwanden, um im 20. Jahrhundert im Dschungel der amerikanischen Großstädte ihr außergewöhnliches Leben fortzusetzen.

Die Prärie-Indianer waren jene Indianer, die uns durch die Erzählungen von Karl May am bekanntesten geworden sind, und unter denen wir uns auch den typischen Indianer vorstellen. Wie bereits erwähnt, besteht jedoch ein großer Unterschied zwischen den Indianern des Ostens, die in den Waldgebieten lebten, und denen in der Prärie.

Der Prärie-Indianer war viel länger als allgemein angenommen wird ein Hindernis für die Weißen, um in die Great Plains vorstoßen zu können. Sie haben sich über 2½ Jahrhunderte gegen die Eindringlinge gewehrt – von den Spaniern bis zu den Amerikanern.

Die Landschaft war dabei ihr wichtigster Verbündeter.

Ihre Kultur deckte sich mit dem Grasland und dem Büffelgebiet, das sich von Kanada bis nach Mexiko erstreckte. Hier lebten einunddreißig Stämme, darunter elf als die typischen Prärie-Indianer, die mehr oder weniger eine Kultureinheit bildeten. Hierzu gehörten die Assiniboin, Arapaho, Blackfeet, Cheyenne, Comanche, Crow, Gros Ventre, Kiowa, Kiowa-Apache, Sarsi und Teton-Dakota. Die übrigen Stämme in den östlichen und westlichen Randgebieten hatten eine Übergangskultur.

Ihre hervorstechendsten Eigenschaften waren ihr Nomadentum, so daß sie nie das Land bearbeiteten. Sie hingen in ihrer Existenz vom Büffel ab, der sie mit allem versorgte. Ihre Waffen eigneten sich folglich besonders für die Jagd auf den Büffel. Sie benutzten als einzige Indianer Nordamerikas Lasttiere, was auf ihr Nomadentum hinweist. Zuerst diente ihnen der Hund und später das Pferd. Mit dem Pferd waren sie schon vertraut, lange ehe die Amerikaner mit ihnen in Berührung kamen. Die Verwendung des Pferdes veränderte ihre Lebensweise außerordentlich. Für sie bedeutete es nahezu eine revolutionäre Umwälzung. Man nannte die Prärie-Indianer deshalb auch »Pferde-Indianer«.

Ehe sie das Pferd kannten, lebten sie recht ärmlich. Sie mußten das Wild zu Fuß jagen, was in diesen Weiten große Schwierigkeiten bereitete. Andere Nahrung, wie wilde Früchte oder Nüsse, gab es in diesem Gebiet kaum. Sie waren in der Tat völlig auf den Büffel angewiesen, der zu Millionen die Prärie bevölkerte. Über Nacht änderte sich aber das gesamte Leben und das Verhalten der Indianer. Was wir über sie wissen, stammt erst aus dieser Zeit. Das Pferd war für sie das, was für uns Dampf und Elektrizität bedeuten. Es verhalf ihnen, länger als die Wald-Indianer des Ostens, den Weißen Widerstand zu leisten.

Pferde gab es vor der Ankunft der Weißen auf dem amerikanischen Kontinent nicht. Die Spanier brachten sie mit. Wahrscheinlich waren einige freigelassen worden, weil sie ihren Herren keinen Nutzen mehr einbrachten. Es mag aber auch sein, daß sie durch Indianer oder Büffel in Stampede gerieten, somit frei und erneut wild wurden. Viel wichtiger ist, daß diese Pferde überlebten und sich vermehrten. Sie verbrei-

Red Cloud (1882–1909), Häuptling der Sioux-Oglala.

Es war General Edward R. S.
Canby, der sich dagegen aussprach,
die Modocs in einer völlig fremden
Reservation unterzubringen.

Oben links: Schon lange vor dem
Untergang der Prärie-Indianer wüteten
die Weißen gegen die Modocs an der
Pazifik-Küste. Sie lebten an den Ufern
des Tule-Sees, an der Grenze zwischen
Kalifornien und Oregon. Mit den
Goldgräbern kamen die Indianer gut
aus. Als aber auch hier die Farmer
ihr Land begehrten, schob man die
Modocs durch Vertrag aus dem Jahre
1864 in die Reservation im Norden
vom Tule-See ab.
Auf dem Bild Schonchin (links) und
Captain Jack (rechts) vor dem Militär-
gericht. Sie wurden am 3. Oktober
1873 hingerichtet (s. S. 150).

Oben rechts: In der Reservation war
das Leben für die Indianer unerträg-
lich. Im Jahre 1865 ging Keintpoos
deshalb mit 175 Anhängern in die
alten Jagdgründe zurück. Am
29. 11. 1872 kam es zu einer wilden
Schießerei mit Soldaten, als diese die
Modocs wieder in die Reservation
abführen wollten. Mit Captain Jack
ging auch Hooker Jim (zweiter
von links) zurück zum Tule-See.

149

Wells Fargo Colt.

*Remington Rolling-block (1867–1890)
in verschiedenen Kalibern (.22–.58).*

Oben: Die Modocs flohen in das undurchdringliche, steinige Terrain südlich des Tule-Sees, das gegen die Soldaten hervorragende Möglichkeiten
zur Verteidigung bot.

Mitte: Im Morgengrauen des
17. 1. 1873 gingen die Armee und
Freiwillige zum Angriff gegen die
Modocs über. Trotz Artillerieunterstüt-
zung erreichte man gegen die 175 roten
Krieger nichts. General Canby nahm
schließlich mit ihnen Verhandlungen
auf, während der die verzweifelten
Modocs ihn ermorden wollten. Auf
dem Bild Infanterie in dieser Stein-
wüste in der vordersten Stellung.

Unten: Während der Verhandlungen
am 11. 4. 1873 feuerte Captain Jack
plötzlich einen Schuß auf General
Canby ab, der getroffen und tödlich
verwundet wurde. Man packte Canbys
Leiche in ein aus diesem Zelt heraus-
gerissenes Stück Leinwand. Captain
Jack und drei weitere Modocs wurden
für die begangene Mordtat hingerichtet.

Die Tragödie der Prärie-Indianer nahm nach dem Bürgerkrieg (1861–1865) ihren Anfang. Jetzt konnten die Weißen daran denken, die Prärie zu erobern und zu erschließen. Sie taten es zielstrebig und mit Entschlossenheit. Der Indianer aber verteidigte seine Welt. Für ihn ging es um das nackte Überleben. Drangen die Weißen weiter vor und vernichteten dabei die letzten Büffel, dann war das Schicksal des roten Mannes endgültig besiegelt. In den vorhergehenden Kämpfen hatten sich die mächtigen Sioux-Stämme in Dakota, Montana und Wyoming noch verhältnismäßig ruhig verhalten, jedoch sorgfältig die Entwicklung beobachtet. Nun waren auch sie zum Widerstand entschlossen. Besonders Red Cloud war es, der zum Kampf riet.

Spotted Tail, ein Brule-Teton-Sioux-Häuptling, unter-
zeichnete am 29. 4. 1868 den Vertrag von Laramie. Er
nahm nicht an den Kämpfen im Jahre 1876 teil und wurde
Häuptling der Indianer in der Reservation.

Brule-Sioux-Indianer.

In Fort Laramie, Wyoming, führte Red Cloud 1866 Verhandlungen über den Bau einer Straße (Bozeman
Trail) die zu den Goldfeldern in Montana führen sollte. Er lehnte ab und sagte, daß er bis zum letzten Atem-
zug die Jagdgründe seines Volkes verteidigen würde.

Fetterman, who led the troops in the disastrous fight of December 21, 1866

82535

Captain Ten Eyck, who was sent to the relief of Captain Fetterman

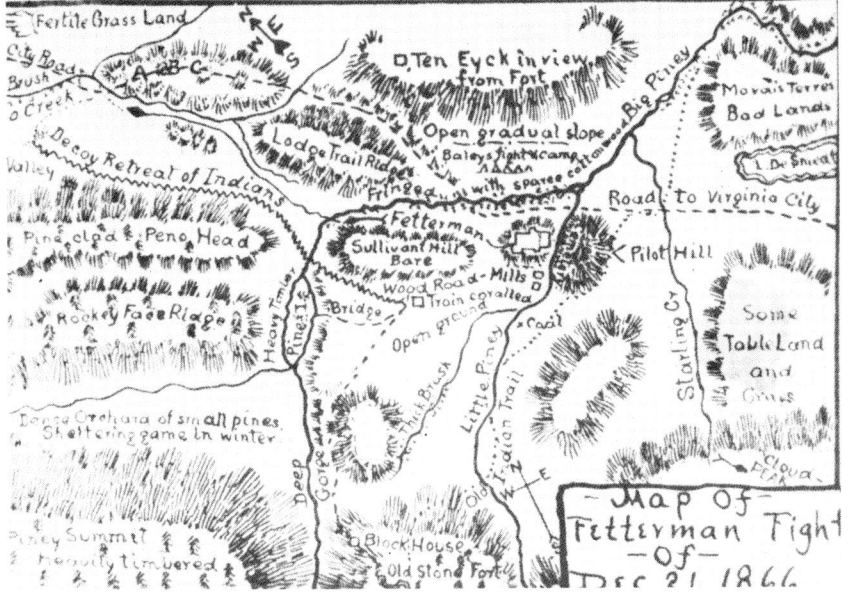

Die US-Armee rückte in Red Clouds Land ein. Colonel Henry B. Carrington ließ das Fort Phil Kearny bauen, wo die Truppen sofort ununterbrochen Angriffen der Indianer ausgesetzt waren. Am 21. 12. 1866 wurde ein Trupp Soldaten, der das Holz für das Fort holte, von den Sioux unter Red Cloud und den verbündeten Cheyennen und Arapahos eingeschlossen. Eine Entsatzabteilung unter Captain William J. Fetterman eilte den Eingeschlossenen zu Hilfe. Fetterman glaubte, die Indianer wären vor ihm geflohen, als diese sich langsam zurückzogen.

Captain Fetterman ließ sich täuschen und in einen Hinterhalt locken. Er ritt den angeblich fliehenden Indianern nach, als diese plötzlich wieder von allen Seiten heranstürmten. In wenigen Minuten hatten die Krieger Red Clouds 82 Soldaten niedergemetzelt. Niemand entkam.

153

Pferde bedeuteten für den Prärie-Indianer alles. Hier werden mit Lassos wilde Pferde eingefangen (Gemälde von Alfred Jacob Miller).

Während des »Wagon-Box-Fight« erlitten die Indianer eine blutige Abfuhr. Verstärkungen erreichten Fort Phil Kearny. Außerdem waren inzwischen die alten Armee-Vorderlader durch die neuen Springfield-Gewehre (Hinterlader) ersetzt worden. Als Red Cloud und Crazy Horse am 2. 8. 1867 nochmals die Taktik des Hinterhalts anwenden wollten, gingen die vor dem Fort arbeitenden Soldaten in die Wagenburg – man hatte die Wagenkästen zur besseren Verteidigung einfach auf die Erde gesetzt. Mit 31 Mann kämpfte Captain James Powell gegen mehrere hundert rote Krieger. Die neuen Gewehre bewährten sich ausgezeichnet. Das hatte es noch nie gegeben, daß die Gewehre des weißen Mannes ununterbrochen schießen konnten. Trotzdem schloß die Regierung Frieden mit den Indianern und zog sich aus dem unruhigen Gebiet des Powder River zurück.

Die südlichen Cheyennes in Colorado versuchten lange vergeblich, sich mit den Weißen zu einigen. Ihre Lage verschlimmerte sich, als nach dem Ende des Bürgerkrieges Tausende von Offizieren und Soldaten weiterdienten. Washington ließ die Zügel locker, und so konnte es geschehen, daß die Armee im Westen bald die Oberhand in ihrer Politik gegenüber den Indianern gewann. Zu diesen Offizieren gehörte *George Armstrong Custer*, ein karrieresüchtiger Mensch, der auf Kosten der Indianer berühmt werden wollte. Ehrgeizig wie er war, wurmte es ihn, daß er vom Rang eines Generalmajors nach dem Bürgerkrieg zum Captain zurückbefördert wurde. Schließlich erhielt Custer den Rang eines Lieutenant-Colonel (Oberstleutnant) in der Seventh Cavalry, den er bis zu seinem Tod innehatte. Er ließ sich trotzdem in seiner grenzenlosen Eitelkeit mit »General« anreden. Dieser Egozentriker und Psychopath, grausam gegenüber seinen Soldaten, zeigte den Indianern gegenüber nicht das leiseste menschliche Gefühl.

Die Prärie-Indianer zählten zu den besten Reitern, die es wohl jemals gab. Sie ritten auf den Pferden, als seien sie angewachsen. Die Pferde reagierten auf den leisesten Schenkeldruck, so daß der Krieger beide Hände für seine Waffen frei hatte. Oft benutzte er bei Angriffen sein Pferd als Schild wie hier auf dem Bild von Frederic Remington. Er verstand es dabei, unter dem Hals des Pferdes hindurchzuzielen und zu schießen.

155

teten sich von Süden nach Norden, bis gegen Ende des 18. Jahrhunderts alle Prärie-Indianer Pferde besaßen.

Obwohl das Pferd für die Indianer eine völlige Neuerung war, änderten die Rothäute weder Kultur noch Lebensweise. Sie blieben Nomaden, galten weiterhin als kriegerisch und verachteten wie früher die Landwirtschaft. Die neue Errungenschaft prägte vielmehr diese Züge noch stärker aus. Jetzt konnten sie noch größere Entfernungen auf ihren Wander- und Kriegszügen zurücklegen. Vom Büffel wurden sie vollkommen abhängig, die Bebauung des Bodens verabscheuten sie.

Für die weißen Siedler, die in die Prärie vordrangen, entstand ein völlig anders geartetes Problem als im Osten. Im Kampf gegen die Indianer des Ostens gab es keine Pferde. In diesen waldreichen Gebieten wären sie nur ein Hindernis gewesen. Ihre Dörfer waren leichter zu vernichten, denn es handelte sich um keine Nomaden. Nun aber stieß man zum ersten Mal auf berittene Indianer, die schnell entweichen, aber auch schnell wieder angreifen konnten. Hinzu kam, daß diese Stämme viel kriegerischer und vielleicht sogar grausamer waren als die des Ostens. Die Weißen mußten erkennen, daß es fast immer zwecklos war, sich einem Prärie-Indianer zu ergeben. Die Indianer taten dies auch nicht. Man konnte kämpfen, fliehen oder sterben. Eine andere Alternative gab es bei ihnen kaum – also auch nicht für die Weißen. Die letzte Kugel mußte man für sich aufsparen.

Der Prärie-Indianer, das Pferd und seine Waffe waren untrennbar miteinander verbunden. Sie bildeten eine Einheit und das Ganze prägte das Bild eines gefürchteten Kriegers. Die Auffassung der Prärie-Indianer vom Krieg unterschied sich beträchtlich von der des weißen Mannes. Ihnen ging es darum, ihre Feinde zu vernichten, aber das eigene Leben nach Möglichkeit nicht zu opfern. Sie sahen daher in Verrat, Diebstahl und in der Bereitschaft zu fliehen, stets nur ihren Vorteil. Das Pferd paßte genau in dieses Schema. Seit seiner Kindheit wuchs der Prärie-Indianer mit dem Pferd auf. Man kann ihn daher als den besten berittenen Krieger der damaligen Zeit bezeichnen. Die gefürchtetsten unter ihnen waren die Comanches im Süden der Prärie. Sie kamen als erste mit den spanischen Pferden in Berührung. Es ist deshalb nicht erstaunlich, daß Pferde nicht nur bei ihnen, sondern bei allen Prärie-Indianern als Maßstab für den Wohlstand galten. Sie bezahlten ihre Schulden damit und kauften sich ihre Frauen. Pferdediebstahl gehörte daher zu ihren hervorstechendsten Charaktereigenschaften – was die Weißen nicht verstehen wollten und wohl auch nicht konnten.

Die Waffe der Indianer war ein kleiner Bogen von nicht ganz einem Meter Länge, da dieser sich besser für den berittenen Krieger eignete. Die Pfeile wählte man sehr sorgfältig aus. Ein Schild schützte ihn vor den Pfeilen seiner Gegner. Meistens führte der Prärie-Indianer 100 Pfeile mit sich, die er so schnell von dem galoppierenden Pferd abschießen konnte, daß sich stets zwei Pfeile in der Luft befanden. Später besaßen die Prärie-Indianer auch Gewehre, darunter die modernen Winchester-Büchsen. Mit dieser Repetierwaffe gelang es ihnen in der Schlacht am Little Big Horn, die angreifenden Truppen unter Lieutenant-Colonel George A. Custer bis auf den letzten Mann niederzumachen. Mit dieser Schlacht im Jahre 1876 war das Schicksal der letzten freien Prärie-Indianer besiegelt. Nur noch vereinzelt wehrten sich kleinere Gruppen, um den Reservationen zu entgehen, in die man sie alle mit Zwang und unter Gewalt hineintrieb.

Wie kam es dazu? Mit den Overland Trails durch den Kontinent und der Erschließung der Prärie durch die Eisenbahn – wodurch erst die Besiedlung dieses riesigen Gebietes möglich wurde – änderte die Regierung in Washington ihre Politik gegenüber den Prärie-Indianern von Grund auf. Als Folge brachen nun im Westen über 20 Jahre lang grausame Vernichtungskriege aus. Vor dem Bürgerkrieg versammelte man im Jahre 1851 die Stämme bei Fort Laramie und zwang sie, Verträge zu unterschreiben, nach denen jedem Stamm bestimmte Jagdgründe zugeteilt wurden. Man wollte nicht nur die Kriege unter den Indianern beenden, sondern auch ein Mittel besitzen, die für später geplante Abschiebung der Indianer in die Reservation besser in die Hand zu bekommen. Unter Druck konnte man sie leichter zwingen, ihre genau festgelegten Jagdgründe wieder aufzugeben.

»Indians On The Plains« von William M. Cary (1840–1922).

»The Smoke Signal« von Frederic Remington.

»Emigrants« von Frederic Remington.

»Three Indians On Horseback« von Charles M. Russell.

Bis 1860 schob die Regierung einige Stämme aus Kansas und Nebraska in andere Gebiete ab. Die Schwierigkeiten setzten mit den Forty-niners ein, die in das Pike's Peak Country strömten. Um Zusammenstöße mit den Goldsuchern zu vermeiden, überredete man 1861 die Cheyennes und die Arapahos, welche im östlichen Teil von Colorado saßen, ihre Gebiete gegen eine unwirtliche Reservation am Sand Creek, einem unbedeutenden Nebenfluß des Arkansas, einzutauschen. Bald erkannten die Krieger, welchen schlechten Tausch sie gemacht hatten. Sie überfielen daraufhin einsame Farmen und Stagecoaches. Dies dauerte bis 1864, als die Rothäute des Kämpfens müde geworden waren. Sie übergaben ihre Gefangenen und kehrten in die Reservation zurück. Hier überraschte sie am 30. 11. 1864 die Colorado-Miliz unter Colonel J. M. Chivington. Obwohl die Indianer als Zeichen ihrer friedlichen Gesinnung die weiße Flagge und das Sternenbanner hißten, schlachtete die Miliz wahrscheinlich über 500 Indianer brutal und kaltblütig ab.

Nach dem Chivington-Massaker brach ein jahrelanger Krieg aus, der sich bis gegen Ende des 19. Jahrhunderts hinzog. Die Prärie-Indianer wurden durch diese Übergriffe noch mißtrauischer. Ihr kriegerischer Geist entfachte sich noch mehr durch das schändliche Morden. Es konnte nicht ausbleiben, daß bald weitere Streitigkeiten ausbrachen.

Als nächste fühlten sich die Sioux bedroht, als in ihrem Gebiet östlich der Big Horn Mountains die Powder River Road als Verbindung zwischen den Goldfeldern in Montana und den Trails am Platte River gebaut wurde. Sie begaben sich 1865 auf den Kriegspfad und rieben eine Heeresabteilung unter Captain W. J. Fettermann restlos auf. Sofort gab die Regierung den Bau der Straße auf und suchte nach Sündenböcken. Im Jahre 1867 entsandte deshalb der Kongreß eine Friedenskommission in das Gebiet, um die Lage an Ort und Stelle zu untersuchen. Seltsamerweise kam diese zu dem Beschluß, daß es Krieg zwischen den Weißen und den Indianern geben würde, so lange beide Parteien aufeinanderstießen. Frieden gäbe es nur, wenn man die Indianer in die Reservationen abschöbe, um sie vor den habgierigen Grenzern zu schützen. Wiederum schloß man eine Reihe von Verträgen mit den Rothäuten ab, und die im Norden ansässigen Stämme brachte man in die Reservationen bei den Black Hills oder im Norden der Rocky Mountains, die im Süden lebenden in das Indian Territory im heutigen Oklahoma sowie nach New Mexico und Arizona. Die planmäßige Verschiebung der Ureinwohner war gegen 1868 abgeschlossen.

Die Prärie-Indianer wehrten sich mit aller Kraft gegen die erzwungenen Verträge, denn sie bemerkten recht schnell die feindselige Einstellung der Regierungsstellen, die sowieso der Überzeugung waren, daß diejenigen, welche ihre alten Jagdgründe nicht aufgeben wollten, als feindlich zu betrachten und zu vernichten wären.

Die Neuankömmlinge im Wilden Westen fragten genausowenig wie die erfahrenen Siedler nach dem Grund der Feindschaft der Indianer. Bislang jedenfalls hatte man noch niemals einen Vertrag mit ihnen ehrlich abgeschlossen oder den Gedanken gehabt, ihn zu halten. Nach und nach erhoben sich die Stämme gegen das trostlose Leben in den Reservationen. Die Cheyennes, Arapahos, Comanchen, Kiowas und Apachen führten einen langen und zähen Kleinkrieg gegen die Weißen. Besonders die Vernichtung der Apachen nahm teilweise äußerst grausame Züge an. Der US-General Philip H. Sheridan unterwarf sie alle in blutigen Kämpfen. Im Jahre 1874 entbrannte im Süden der Prärie der Red River War, der wie alle Kriege für die Indianer ohne Erfolg ausging.

Die Sioux- und Cheyenne-Stämme im Norden sah man als die feindlichsten und gefährlichsten an. Aus den Reservationen in den Black Hills zogen Hunderte von Kriegern in die früheren Jagdgründe der Big Horn Mountains zurück. Im Jahre 1876 kam es hier zu der berühmten Schlacht am Little Big Horn. Dies war einer der bekanntesten Siege, den die Indianer in ihrem fast 300jährigen Kampf gegen die Eindringlinge errangen. Doch es war ein Sieg, der ihnen nichts einbrachte. Wie schon die Indianer des Ostens erkannt hatten, standen für einen getöteten Weißen nach wenigen Wochen sogleich mehrere an seiner Stelle. Wie hätte man auch einen Sieg ausnutzen können? Eine völlige Vertreibung der Weißen war von Anfang an nicht möglich gewesen.

George A. Custer hatte bisher nie das Glück gehabt, die Indianer im offenen Kampf zu besiegen. Folglich plante er, um seinen Ruhm aufzupolieren, die in ihren Winterquartieren hilflosen Indianer zu überfallen. Im November 1868 suchte er sich die friedlichen Cheyennen unter Black Kettle als Opfer aus. Von Fort Dodge aus ritt er los, da die Indianer – wie er sagte – »die Verträge verletzt hätten«.

Die Cheyennen hielten sich nach der Büffeljagd am Washita-River auf. Sie ahnten wohl, daß ihnen Unheil drohte. Plötzlich überfiel die Seventh Cavalry am Morgen des 27. 11. 1868 Häuptling Black Kettle in seinem Dorf. Er selbst fiel unter den Mordkugeln. Charles Schreyvogel hat diesen Überfall in seinem bekannten Gemälde festgehalten, das zeigt, wie die fast wehrlosen Indianer niedergemacht wurden. Die Cheyennen, ebenso wie die mächtigen Kiowas und Comanchen, hörten auf, den Weißen jetzt noch ein Wort zu glauben.

US-Kavallerie greift ein Indianerdorf an (Frederic Remington).

160

Indianer stürmen ein Fort (Charles Schreyvogel).

Ein Kiowa-Lager.

Satanta oder *White Bear* von den Kiowas dachte nicht daran, in die Reservation zu gehen, weil er wußte, daß es dann keine Rettung mehr für ihn und sein Volk geben würde. Er unterschrieb zwar den Medicine Lodge Vertrag von 1867, hatte aber nicht die Absicht, sich zu unterwerfen. George A. Custer und General Philip Sheridan hielten nichts von diesem Vertrag und zerstörten sinnlos die Dörfer der Kiowas und Cheyennen am Washita-River.

White Bear blieb nun nichts anderes übrig, als sich der Armee zu ergeben, um dem Schicksal von Black Kettle zu entgehen. Auf dem Bild von Charles Schreyvogel sieht man von links nach rechts: Little Heart, Lone Wolf, Kicking Bird, White Bear, einen Scout, George A. Custer, Tom Custer (Bruder von G. A. Custer) und Crosby. Wie zu erwarten war, konnten sich die Kiowas nicht an das stumpfsinnige Leben in der Reservation gewöhnen. Sie brachen immer wieder aus und überfielen die Weißen, die ihre alten Jagdgründe betraten. White Bear und drei weitere Häuptlinge mußten deshalb vor General William T. Sherman erscheinen, der sie verhaftete. Wieder freigelassen, kam White Bear 1874 nochmals in Gefangenschaft. Am 11. 3. 1878 nahm er sich im Gefängnis das Leben.

Links: *Quanah von den Quohada oder Kwahadi Comanchen in Texas – seine Mutter war die weiße Gefangene Cynthia Ann Parker – traute den Weißen nicht. Als diese Schritt für Schritt vordrangen, mußte er sich entscheiden. Die Comanchen beschlossen feierlich, die Weißen zu vertreiben und zuerst die Büffeljäger bei Adobe Walls zu vernichten. Das Lager bei Adobe Walls wurde als Angriffsziel ausgesucht. Anschließend sollten alle anderen Lager der Weißen zerstört werden.*

Oben rechts: Am Morgen des 27. 6. 1874 näherten sich 700 Comanche-Krieger ihrem Angriffsziel. Zwei Büffeljäger entdeckten sie aber rechtzeitig. Mit schrillem Kriegsgeschrei stürmte Quanah Parker mit seinen Kriegern heran. Wieder und wieder konnten die Indianer zurückgeschlagen werden; sie waren den schweren Büffelgewehren der Verteidiger nicht gewachsen. Nach drei Tagen zogen sich die Comanchen entmutigt zurück. Quanah Parker gab wenig später seinen Widerstand gegen die Weißen endgültig auf.

Unten: Hier fand die zweite Schlacht bei Adobe Walls statt.

Apache-Indianer. Sie ähneln überhaupt nicht den Apachen, wie sie Karl May geschildert hat.

Oben: 1861 brach der Krieg mit den Apachen aus, als die Siedler den Häuptling der Chiricahuas, Cochise, beschuldigten, einen weißen Jungen entführt zu haben. Am 4. 2. 1861 kam Cochise in Begleitung seiner Verwandtschaft zu Lieutenant George/Bascom (Bild) von der Seventh Cavalry, die am Apache Paß lag, um seine Unschuld zu beteuern. Bascom jedoch versuchte, trotz der weißen Flagge, die über dem Verhandlungszelt von Cochise wehte, den Häuptling und seine Leute festzunehmen. Cochise konnte in letzter Sekunde entkommen und schwor zornentbrannt blutige Rache. In den folgenden Kämpfen verbrannte er 13 Weiße bei lebendigem Leibe, marterte fünf und schleifte 15 mit dem Lasso zu Tode. In den folgenden 60 Tagen mußten 150 Weiße ihr Leben lassen.

Wie grausam die Indianerkriege waren, zeigt das Bild von Frederic Remington. Die Indianer haben die verwundeten Soldaten ausgezogen und mit Pfeilen zu Tode gequält.

Apache Rancheria. In diesen elenden Hütten lebten die Apachen.

Eine Apachen-Behausung (Wickiup).

Im September 1871 schloß Cochise nach 10jährigem erbittertem, blutigem und gnadenlosem Kampf Frieden mit General George Crook. Auch Häuptling Eskiminzin – hier mit Tochter und Sohn – verließ seine Rancheria und begab sich nach Camp Grant bei Tucson/Arizona. Den Weißen gefiel es jedoch nicht, daß Indianer in ihrer Nähe lebten. Am 30. 4. 1871 überfielen sie deren Lager, als die Krieger gerade auf Jagd waren. Während des Massakers wurden 144 Kinder, Frauen und Greise umgebracht. Häuptling Eskiminzin, ursprünglich guten Willens, jetzt aber durstig nach Rache und Vergeltung, begab sich wieder auf den Kriegspfad.

Apachen-Krieger.

167

Der Krieg gegen die Apachen brachte den Weißen weder Erfolge noch Ruhm. Der Apache-Krieger war ein Meister des Hinterhalts, wobei ihn noch die Landschaft begünstigte. Spuren hinterließ er nie. Für die Armee war es daher äußerst schwierig, die einzelnen Apachen-Stämme, die zu Fuß schneller waren als die ihnen folgende Kavallerie, in ihren Schlupfwinkeln ausfindig zu machen. Nur mit Hilfe erfahrener Scouts – wie hier auf dem Bild von Frederic Remington – gelang es, die Apachen aufzuspüren und nach langem Kampf zu besiegen.

General George Crook gab den Befehl, den Apachen so lange auf der Spur zu bleiben, bis auch der letzte Indianer aufgespürt und in die Reservation zurückgeführt wäre. Schließlich hatte er damit Erfolg, aber erst 1886 war der Guerilla-Krieg wirklich beendet.
Auch der berühmt-berüchtigte Delshay mußte aufgeben. Auf seinen Kopf stand eine hohe Belohnung, die jeder verdienen wollte. Oft wurde sein angeblich abgeschnittener Kopf den Offizieren vorgelegt.
Cochise selbst, der sich im Frühjahr 1872 wiederum auf den Kriegspfad begeben hatte, ergab sich wenig später und starb niedergeschlagen und entmutigt am 8. 6. 1874 in der Reservation.

Nach dem Friedensschluß von Fort Laramie am 29. 4. und den Goldfunden in den Black Hills 1868 wollte man Red Cloud beeindrucken und lud ihn und weitere Indianer im Sommer 1877 nach Washington ein. Auf dem Bild sind von links nach rechts zu sehen (sitzend): Sitting Bull, Swift Bear, Spotted Tail; stehend: Dolmetscher und Red Cloud.
Red Cloud gab tatsächlich nach und verließ das Powder River Gebiet, um sich bei Fort Laramie niederzulassen.

General George Crook verstand die Apachen und deren Probleme. Unter ihm versuchten es die Apachen, sich den Lebensbedingungen der Weißen anzupassen. Durch den Unverstand seiner Nachfolger brach der Kampf jedoch abermals aus.

169

Crazy Horse von den Oglala-Sioux, Black Moon und Sitting Bull (Teton Hunk-papa) blieben am Powder River, um weiterhin Büffel zu jagen. Im Sommer 1871 wurde ihr Gebiet vermessen, denn hier sollte nun eine Eisenbahnlinie gebaut werden. Die Überfälle der Indianer schlug man zwar zurück, aber ein Ende des Kampfes war nicht abzusehen. Lieutenant-Colonel George A. Custer erschien jetzt im Norden und leitete im Juli 1874 eine Expedition nach den Black Hills, wo er Gold fand. Hier sein Lager im Hidden Wood Creek.

Unten links: Das Goldfieber hatte die Weißen wieder einmal gepackt! Es mußte also versucht werden, den Indianern die Black Hills, ihren heiligen Boden, abzukaufen. Im September 1875 traf sich eine Kommission mit den Indianern. Little Big Man wollte Krieg und hätte am liebsten die Kommission der Weißen gleich an Ort und Stelle umgebracht.

Unten rechts: George A. Custer auf dem Marsch durch die Black Hills.

Rechte Seite oben: Ein zum Schweigen gebrachter Krieger (Charles Schreyvogel).

Rechte Seite unten: Die Vorausabteilung (Frederic Remington).

171

Wie aber konnte man die Indianer
trotzdem zwingen, das bisher nicht
abgetretene Land aufzugeben? Man
erließ die Anweisung, daß alle Indianer bis zum 31. 1. 1876 in die Reservation zu gehen hätten. Falls nicht,
würde man sie als feindlich ansehen
und vernichten. Wie aber konnten
die Indianer und die Indianerbanden,
die den Vertrag nicht unterschrieben
hatten, mitten im Winter ihr Lager
abbrechen und in die erbärmlichen
Reservationen ziehen? General George
Crook sollte die Aufgabe mit Gewalt
durchführen. T w o M o o n von den
nördlichen Cheyennen – hier auf dem
Bild – und He Dog von den Oglala-
Sioux lagerten im März 1876 in der
Nähe des Little Powder River. Sie
warteten auf die Schneeschmelze, um
dann den traurigen Weg in die Reservation anzutreten.

Am Morgen des 17. 3. 1876 jedoch
überfiel eine Abteilung Kavallerie
die völlig ahnungslosen Indianer. Ihr
Widerstand war verzweifelt. Sie trieben
die Angreifer zurück, aber ihr Dorf
ging währenddessen mit allen Vorräten
in hellen Flammen auf. Two Moon
und He Dog flohen zu Crazy Horse
(Gemälde von Charles Schreyvogel).

Das Leben des Indianers hing von seinem Wild, dem Büffel, ab. Dieser versorgte ihn mit allem Notwendigen: Mit Häuten für das Zelt, Nahrung, Kleidung, Schlafstätten, Heizmaterial, Bogensehnen, Klebstoff, Nähfaden, Seilen und Stricken für die Pferde, Satteldecken, Wasserbehälter und Booten. Auf dem hier abgebildeten Gemälde von Alfred Jacob Miller treiben die Indianer die Herden, die oft meilenweit die Prärie bedeckten, über den Rand eines Abgrundes.

Bild unten: Büffelherde in der Prärie.

Mit der Schlacht am Little Big Horn waren die großen Kämpfe mit den Indianern beendet. Zwar wurden noch blutige Gefechte gegen die Nez Perce in Oregon oder gegen die Apachen ausgefochten, die aber an dem Schicksal, in die Reservationen zurückgetrieben zu werden, nichts änderten. Im Jahre 1890 flackerte als letzter Widerstand der Ghost Dance War der Sioux auf, der mit der Ermordung vieler Indianer endete.

Als Rentenempfänger der Regierung fristeten sie ihr Dasein, bis sich zu Beginn des 20. Jahrhunderts durch staatliche Maßnahmen ihre Verhältnisse etwas besserten. Was sollten die Prärie-Indianer auch ohne Büffelherden anfangen, die mittlerweile ausgerottet und ausgestorben waren. Ihre Lebensgrundlage war vernichtet. Die Eisenbahn hatte die Prärie erschlossen, die Siedler kamen in Massen. Gegen Ende des 19. Jahrhunderts gab es kaum noch Land, das zu vergeben war, ausgenommen das Indian Territory in Oklahoma.

Hier lebten zahlreiche Indianerstämme, denen man die Versicherung gegeben hatte, daß sie in diesem Gebiet für alle Zeiten ungestört bleiben könnten. Mit dem Ansteigen der Bevölkerung bedeutete diese Zusage dem Grenzer nichts. Er wollte auch dieses billige Land in Besitz nehmen. Der Druck der öffentlichen Meinung, den angeblich »Wilden« das Land abzunehmen, nahm zu. Besonders begehrte man den Oklahoma-District mitten in dem heutigen Staat, der keinem besonderen Indianerstamm gehörte. Um 1880 wanderten die ersten Siedler ein. Die Armee versuchte sie immer wieder zu vertreiben, hatte aber keinen durchschlagenden Erfolg. Schließlich erklärten die Boomers, wie die illegalen Eindringlinge genannt wurden, sich so lange wehren zu wollen, bis sie ihr Ziel erreicht hätten. Im Jahre 1889 war der Druck so stark geworden, daß der Kongreß die Öffnung des Oklahoma Districts nach dem Homestead Act beschloß. Am 22. 4. 1889 sollten die Siedler das Gebiet betreten dürfen. Tausende strömten in Richtung Oklahoma, es war die wildeste Jagd, die der amerikanische Westen je gesehen hatte. Um 12.00 Uhr mittags ertönten Trompetensignale und Kanonenschüsse zum Zeichen, daß die letzte Grenze im Westen gefallen war. Mehr als 100 000 Menschen besetzten unter Höllenlärm das riesige Gebiet von 2 Millionen Acres. Städte wurden in kurzer Zeit aus dem Boden gestampft. Ein Jahr darauf schuf man das Oklahoma Territory, das 1907 als Staat in die Union aufgenommen wurde.

Die Grenzen der USA waren endgültig erschlossen. Eine neue Ära für die Vereinigten Staaten begann, eine expansionslose Existenz setzte ein, mit deren Problemen die amerikanische Bevölkerung zum ersten Male in ihrer Geschichte konfrontiert wurde. Von den Indianern, den Ureinwohnern des Kontinents, sprachen nur wenige. Was war denn schon viel geschehen. Man hatte ihnen in diesem herrlichen, weiten Land nur den Untergang bereitet und die Heimat genommen.

»Smoke Of A.45« von Charles M. Russell.

»In Without Knocking« von Charles M. Russell.

»Crow Indian On The Lookout« von Alfred Jacob Miller.

»The Hold Up« von Charles M. Russell.

*William Frederic Cody – Buffalo Bill – gehörte auch zu den Büffelschlächtern.
Er versorgte wie viele andere die Eisenbahnarbeiter mit Büffelfleisch. Buffalo
Bill ist gleichfalls von vielen Legenden umwoben. Er war Pony-Expreß-Reiter,
Soldat und Scout der Armee während der Kämpfe gegen die Indianer. Aus vielen
Wildwest-Geschichten ist er bekannt geworden, die schon zeit seines Lebens über
ihn geschrieben wurden. Die darin geschilderten Heldentaten hat er nie voll-
bracht. Später zog er mit seiner Wildwestschau durch die Neue und Alte Welt.*

Die Indianer überfielen in ihrer Verzweiflung nicht nur die Bautrupps der Eisenbahnen und zerstörten die Bahnanlagen, sondern steckten auch die Prärie an, um das gefürchtete Feuerroß zu vertreiben.

In den 70er Jahren des vorigen Jahrhunderts lebten von den ungefähr 300–400 Millionen Büffeln, die von Kanada bis Mexiko grasten, nicht mehr viele. Die Eisenbahnlinien quer durch den Kontinent unterbanden ihre Wanderwege. Büffeljäger knallten die riesigen Herden wahllos ab. Die Existenz des Indianers war allein deshalb auf das äußerste gefährdet. Er mußte kämpfen oder in die Reservation gehen, um dort armselig auf Kosten der Regierung zu leben.

178

*Auf dem bekannten Gemälde von Frederic Remington »Conjuring back the buffalo«
beschwört ein Indianer die Büffel zurück, die die Weißen ausgerottet haben. Im Jahre
1889 waren es nicht mehr als tausend Büffel!*

Linke Seite: Sioux-Indianer. Der Krieg
hielt die Energien der Prärie-Indianer
wach. Er bewahrte sie vor Lethargie
und Verweichlichung. Unkriegerische
Stämme vegetierten bald dahin. Der
Prärie-Indianer hatte allerdings große
Angst vor Krankheiten und starb häu-
fig aus purem Gram darüber (Gemälde
von Alfred Jacob Miller).

Deadwood in den Black Hills im Jahre
1876. Gold zog die Prospektoren
und die Armee an. Hier hausten über
7000 Goldgräber, die keine puritani-
schen Vorurteile zu überwinden hatten.
Die Goldfunde wurden den Indianern
aber zum Verhängnis.

Im April 1876 hielt Sitting Bull,
Häuptling und Medizinmann von den
Hunkpapa Sioux, eine große Versammlung am Tongue River ab. Sogar
die Indianer aus den Reservationen
stießen zu ihm, ebenfalls die nördlichen Cheyennen und die Arapahos.
»Wenn die Weißen Krieg wollen,
dann sollen sie ihn haben!« Um Krieg
führen zu können, brauchte man allerdings Fleisch. Die Büffel grasten zu
dieser Zeit noch im Gebiet des Rose-
bud-River. Daraufhin verlegten die
Indianer ihr Lager dorthin. Im Juli
zogen sie weiter zum Ash Creek, wo
Sitting Bull den Sonnentanz abhielt,
um durch eine Vision zu erfahren,
wie der Ausgang des kommenden
Kampfes sein würde. In seinem Traum
sah er viele weiße Soldaten sterben.
Ein gutes Omen!

Die US-Armee marschierte indessen in mehreren Kolonnen heran, um den Feind zu schlagen. O b e r s t J o h n G i b b o n mit seinen über 500 Soldaten setzte sich vom westlichen Montana nach Osten in Marsch.

Generalmajor Alfred H. Terry hingegen marschierte von Fort Abraham Lincoln, North Dakota, nach Westen. Unter seinem Befehl stand die Seventh Cavalry mit George A. Custer. General George Crook zog nach Norden. Das Bild zeigt George A. Custer (Mitte stehend) kurz vor dem Abmarsch am 17. 5. 1876, hier ohne seine sonst üblichen langen Haare.

Generalmajor G. Crook verließ am 1. 3. 1876 Fort Fetterman mit insgesamt 1049 Mann. Während des Marsches stießen verbündete Indianer und Prospektoren zu seiner Streitmacht, die sich schließlich auf 1302 Mann belief. Am 16. 6. 1876 meldeten Scouts, daß sie die Spur eines großen Indianer-Dorfes entdeckt hätten. Crook schwenkte daher auf den Rosebud River, in dessen Nähe die Sioux und Cheyennen unter Sitting Bull lagerten. Die Indianer waren jedoch längst über das Vorrücken der Truppen unterrichtet und bereiteten sich auf die Schlacht vor (»The Scout« von Frederic Remington).

Am Morgen des 17. 6. 1876 begann die Schlacht am Rosebud. Die Indianer bewiesen, was sie inzwischen von ihrem Gegner gelernt hatten. Sie verhinderten geschickt jede Kavallerieattacke und griffen stets die einzelnen Abteilungen mit großer Stärke und aller Entschlossenheit an, so daß die Reiter und Infanteristen keine durchgehende Linie bilden konnten. Sitting Bull, von den Selbstmarterungen des Sonnentanzes noch zu erschöpft, nahm nicht aktiv an den Kämpfen teil, dafür aber Crazy Horse (»The skirmish« von Charles Schreyvogel).

White-Man-Runs-Him, ein Crow-
Scout unter George A. Custer, in voller
Kriegsbemalung.

General Crook beabsichtigte darauf-
hin, gegen Mittag das Indianerdorf
anzugreifen, das jedoch nicht in der
Nähe lag, und schickte eine starke
Abteilung durch den Rosebud Canyon.
Die Indianer fielen sofort die restlichen
Soldaten so heftig an, daß die Abtei-
lung zurückgerufen werden mußte.
Erst am Nachmittag verebbte der Kampf.
Beide Seiten zogen sich zurück –
die Indianer zum Little Big Horn
River. Fraglos war die Schlacht am
Rosebud ein Sieg der Indianer. Crooks
Niederlage ist sicher auf den Mut und
die kämpferischen Eigenschaften der
Sioux und Cheyennen zurückzuführen
(Gemälde von Charles Schreyvogel
»Rear Guard«).

Die Schlacht am Little Big Horn, die Tragödie des George A. Custer, eine der bekanntesten und am heftigsten
umstrittenen Niederlagen der US-Armee im Kampf gegen die Indianer. Custer und seine Leute (215 Mann)
wurden hier erbarmungslos bis auf den letzten Mann niedergemacht.

Die dritte und stärkste der Militärkolonnen war die von Generalmajor Alfred H. Terry mit der Seventh Cavalry
unter Lieutenant Colonel Custer. Dieser sollte eigentlich das Kommando führen, aber wegen persönlicher Kritik an Präsident Grant wurde er seines Postens enthoben. Schließlich erlaubte man ihm, als Untergebener von
Terry sein Regiment zu führen.

Am Powder River angelangt, teilte sich die Seventh Cavalry. Der rechte Flügel unter Custer marschierte längs
des Südufers des Yellowstone bis zur Mündung des Rosebud Creek. Major Marcus A. Reno, d. h. der linke
Flügel, erkundete das Gebiet im Süden. Im Tal des Rosebud fanden sie frische Spuren von Indianern, die zum
Little Big Horn führten. Am 21. 6. 1876 vereinigten sich beide Abteilungen wieder an der Mündung des Rosebud.
Nach einer Besprechung erhielt George A. Custer den Befehl, daß er von Süden auf den Little Big Horn stoßen
und Terry mit Gibbon das Tal von Norden betreten sollte.

Am Morgen des 25. 6. 1876 entdeckten die Scouts die riesige Pferdeherde der versammelten Indianer. Am
Little Big Horn River erstreckte sich ihr gewaltiges Lager unter der Leitung von Sitting Bull: Sioux Hunkpapas
unter Gall und Crow King; Yanktonai und Santees unter Inkpaduta; Miniconjous unter Lame Deer und
Hump; Crazy Horse mit den Oglalas, die nördlichen Cheyennen mit Two Moon. Es waren ungefähr 15 000
Indianer mit ungefähr 4000–5000 Kriegern. Viele besaßen das neue Winchester-Gewehr. Gegen diese gewaltige Streitmacht marschierte George A. Custer mit 600 Kavalleristen. Captain Frederick W. Benteen setzte sich
als erster auf der rechten Seite des Little Big Horn in Marsch. Es folgte Major Reno mit 112 Mann auf der
linken Seite. Custer blieb mit 215 Kavalleristen rechts von Benteen.

Am Nachmittag dieses 25. Juni 1876
stieß Reno gegen 14.30 Uhr auf die
Indianer und mußte unter deren Ansturm zurückgehen. In der Nähe des
Flusses hatte man in einem Waldstück
bessere Verteidigungsmöglichkeiten.
Aber auch von hier wurden die Kavalleristen unter Reno durch die Indianer
auf das andere Ufer gedrängt. In diesem Augenblick hätten die Indianer
die Soldaten vollständig aufreiben
können, aber sie gaben die Verfolgung
auf, um George A. Custer entgegenzu-
eilen. Captain Benteen stieß gegen
16.00 Uhr auf die Überreste von
Reno. Häuptling Gall (Bild), der den
Angriff geführt hatte, sagte später,
daß es wie auf der Büffeljagd gewesen
wäre, wie auf einer großen Jagd.

Die Truppe kämpft verzweifelt gegen die Übermacht der Indianer (Gemälde von Charles Schreyvogel).

Was war inzwischen mit Custer geschehen? Da niemand die Schlacht überlebte und sich selbst die Aussagen der beteiligten Indianer widersprachen, ist es äußerst schwer, sich ein Bild vom Untergang Custers und seiner Männer zu machen. Custer hatte das Lager der Indianer sicher gesehen und war sich seines Sieges schon gewiß, denn er schickte einen Melder zu Captain Benteen, daß er sich beeilen und die Maulesel mit der Munition bringen sollte.

Häuptling Gall überquerte indessen den Little Big Horn, drängte Custer nach Norden ab, wo ihn bereits Crazy Horse mit seinen Kriegern erwartete. Mit ohrenbetäubenden, schrillen Schreien griffen die Indianer an. Im Nu war Custer umringt. Er und noch 50 Überlebende erschossen ihre Pferde und benutzten sie als Brustwehr. Custer fiel, von zwei Kugeln tödlich getroffen. Von Süden rückte inzwischen Hilfe heran, und die Indianer versuchten, die restlichen Truppen gleichfalls zu vernichten. Gegen Abend jedoch brachen sie das Gefecht ab, um es am folgenden Morgen mit wütender Entschlossenheit erneut aufzunehmen. Captain Benteen schlug sie aber zurück. Die Indianer zündeten schließlich das Gras an und zogen nach den Big Horn Mountains davon. Reno und Benteen hatten insgesamt ungefähr 47 Gefallene und 52 Verwundete zu beklagen. Auf dem Bild die verwesten Gebeine der Gefallenen der Custer-Schlacht.

Mit dem Dampfer »Far West« brachte man die Verwundeten zurück nach Fort Lincoln.

Rain-in-the-Face schwor, er werde das Herz von Tom Custer, dem Bruder von George A. Custer, herausschneiden und essen, was er aber nicht tat.

Denkmal für die Gefallenen auf dem Schlachtfeld am Little Big Horn.

Das Kreuz kennzeichnet die Stelle, wo Lieutenant Colonel George A. Custer gefallen ist.

Links oben: Verwundete der Schlacht von Slim Buttes werden abtransportiert.

Links unten: General George Crook blieb nach der Niederlage am Rosebud im Gebiet des Goose Creek. Er setzte sich mit Mauleseln in Marsch, die nur mit dem Notwendigsten bepackt wurden.

Rechts: am 11. 8. 1876 traf er sich unterhalb des Yellowstone River mit Terry. Dann trennte man sich, und Crook marschierte nach Südosten in Richtung der Black Hills, während Terry Sitting Bull im Norden verfolgte. Unterwegs litt Crooks Truppe unter Verpflegungsschwierigkeiten, da man während des langen Marsches auf kein Indianerdorf stieß, das man plündern konnte. Deshalb schickte Crook am 8. 9. 1876 eine Vorausabteilung mit 150 Mann los. Diese sollte von den Siedlungen in den Black Hills Nachschub holen.

Links: Am Morgen des 9. 9. 1876 entdeckten die Truppen längs eines Flusses bei Slim Buttes ein Indianer-dorf, das unverzüglich angegriffen wurde. Die Rothäute unter American Horse (Bild) flohen auf die Ab-hänge. Der Häuptling selbst wurde schwer verwundet und starb kurz darauf. Inzwischen plünderten die ausge-hungerten Soldaten das Dorf mit seinen reichlichen Wintervorräten. In diesem Augenblick griff überraschend Crazy Horse mit 600 Kriegern an, doch gelang es ihm nicht, die Soldaten aus dem Dorf zu vertreiben.

Rechts: Viele Indianer unterzeichneten im Herbst 1876 einen Vertrag, in dem die Black Hills abgetreten wur-den. Der Hunger hatte sie zermürbt.
Von Osten her kamen indessen ständig Verstärkungen für die Armee heran, um – wie es hieß – den »Indianer-nern den Rest zu geben«. Brigadegeneral Nelson Appleton Miles war unter ihnen. Er schlug sein Quartier im Fort Keogh auf, wohin ihm Sitting Bull einen Brief schrieb, in dem es hieß, daß Miles das Land rasch wieder verlassen solle.

Unten: Am 21. 10. 1876 trafen sich Sitting Bull und General Miles südlich des Yellowstone. Die Verhandlungen dauerten zwei Tage. Dann begann erneut die Schießerei zwischen den Indianern und Soldaten. Viele Indianer baten jetzt um Frieden, aber Sitting Bull und Gall flohen im Mai 1877 in die Weite der Wälder von Kanada.

Linke Seite oben: Am 8. 1. 1877 stießen die Soldaten General Miles' auf das Hauptlager der Sioux, gerade als ein Blizzard losbrach. Es gelang deshalb den Rothäuten zu fliehen. Die Not trieb Crazy Horse und seine Anhänger am 6. 5. 1877 zur Übergabe. Er wurde wie ein Gefangener behandelt und ging zu Spotted Tail in die Reservation. Man hatte aber Angst, daß er einen neuen Krieg anzetteln würde, und verhaftete ihn am 5. 9. 1877. Als er schließlich in das Wachhaus gebracht wurde, wehrte er sich. Seine früheren Freunde, darunter Little Big Man, hielten ihn mit Gewalt fest, so daß die Wache ihn mit Bajonettstichen töten konnte. Ein Photo dieses großen Häuptlings existiert nicht. Er haßte die Weißen zu sehr, um ein Bild von sich machen zu lassen.

Rechts oben: Die Sioux und Cheyennen, die während des Winters am Little Missouri lebten, dachten nicht an Krieg. Das taten zu diesem Zeitpunkt aber die Weißen. Am 14. 11. 1876 setzte sich eine Kolonne von 2000 Soldaten von Fort Fetterman aus unter General Crook in Marsch. Am 25. 11. 1876 griff Colonel Ranald Mackenzie ein Dorf der Cheyennen unter Häuptling Dull Knife an. Die Indianer, so verbissen sie sich auch verteidigten, mußten sich kämpfend zu Crazy Horse zurückziehen. Das Ende für die nördlichen Prärie-Indianer war gekommen. Am Powder River war längst kein Platz mehr für sie. Büffel gab es nur noch wenige. Über Munition verfügten die Krieger kaum noch. Crazy Horse beabsichtigte deshalb, sich zu ergeben. Als aber fünf seiner Unterhändler sich zum Zwecke von Kapitulations-Verhandlungen dem Fort näherten – unbewaffnet und keinesfalls in kriegerischer Absicht –, wurden sie von den Soldaten niedergeschossen. Häuptling Crazy Horse zog daraufhin davon.

Rechts: Im Frühjahr 1877 ergaben sich die nördlichen Cheyennen. Am 1. 5. 1877 begaben sich 960 Cheyennen auf den langen Marsch nach Fort Reno im Indian Territory, wo sie am 5. 8. ankamen. Nicht nur das Heimweh trieb sie wieder in die alten Jagdgründe, sondern auch die schrecklichen Verhältnisse in der Reservation. Am 9. 9. 1878 brachen die Cheyennen ihre Zelte ab, und 89 Männer, 112 Frauen und 134 Kinder zogen unter Little Wolf (links) und Dull Knife (rechts) erneut nach Norden.

193

Bis zum North Platte River entkamen sie stets der Armee. Hier trennte sich Little Wolf, um nach Norden zum Powder River vorzustoßen. Dull Knife (rechts im Bild) und 148 Anhänger versuchten, sich zur früheren Red Cloud Agency durchzuschlagen.

Oben: Am 23.10.1878 ergab sich Dull Knife nach einem fürchterlichen Marsch in den Sand Hills von Nebraska. Man nahm zwar den Indianern die Waffen ab, aber jetzt waren die Rothäute klüger geworden. Sie
hatten die meisten Gewehre auseinandergenommen und trugen sie verborgen bei sich. Im Camp Robinson
wurden sie untergebracht. Dull Knife und seine Leute wollten lieber sterben, als noch einmal ins Indianer Territory gehen zu müssen. Die Soldaten sperrten sie daher in die Baracken, um sie auszuhungern. Die Cheyennen
bauten die verborgenen Waffen zusammen, brachen am Abend des 9.1.1879 aus und rannten zu den Hügeln
über den White River. Gegen Morgen hatten die Soldaten wieder 65 Gefangene eingebracht. Fünfzig Tote
lagen im Schnee. Die anderen Flüchtlinge kamen bis auf drei Frauen um. Dull Knife, seine Frau, sein Schwie-
gersohn und Enkel entkamen, ergaben sich aber später. Im Jahre 1883 starb der große Häuptling in der Reservation. Little Wolf und seine Krieger erreichten die alten Jagdgründe am Powder River und durften in der
Reservation am Tongue River bleiben.

Unten: Die Tongue River Reservation. Hier waren die Cheyennen zwar nicht frei, aber doch in ihrer Heimat.

Die Nez Perces lebten friedlich in Oregon. Sie standen weit über dem Niveau der Prärie-Indianer. Sie wünschten keinen Krieg, sahen aber natürlich nicht gern, daß die weißen Männer ihr Gebiet besiedelten. Diese Indianer waren der Meinung, daß die Erde ihre Mutter sei, die man nicht verkaufen könne. Ihr Schicksal war trotzdem unausweichlich. Die Reservation drohte ihnen, obwohl sie schon genug Land abgetreten hatten. Chief Joseph (Bild) wehrte sich erfolgreich, irgendwelche Verträge zu unterschreiben, da sie ja doch wieder gebrochen werden würden. Man gab den Nez Perces das Wallowa-Tal als Reservation, also wenigstens ihre Heimat.

Trotzdem häuften sich die Spannungen mit den Siedlern. Man nahm ihnen deshalb die Wallowa-Reservation wieder ab. *Generalmajor Otis O. Howard* führte Verhandlungen mit Chief Joseph, die aber zu nichts führten. Man stellte ihm schließlich ein Ultimatum bis zum 15. 6. 1877, und Generalmajor Howard überzeugte die Nez Perces, daß es besser sei, sich der Macht zu beugen. Auf dem Marsch in die Reservation führten Überfälle durch die Anhänger von Chief Joseph den Krieg herbei.
Die Legende entstand, daß Häuptling Joseph der geniale Feldherr gewesen sei. Chief Joseph nahm aber nur ein- oder zweimal am Kampf teil. Doch sorgte er viel mehr für das Lager, die Frauen und Kinder. Auch dies war eine wichtige Funktion. Die Siege der Nez Perces sind zurückzuführen auf deren Tapferkeit, Zähigkeit und Standhalten, wenn sie zurückgeschlagen wurden, und ihre Fähigkeit, dann noch die Initiative zu ergreifen.

Aber wohin sollten die Nez Perces gehen? Nur Kanada blieb als einziger Ausweg.
Chief Joseph mußte daher versuchen, seine Verfolger abzuschütteln. Am
9. 8. 1877 wurde sein Lager jedoch am Big Hole River in Montana entdeckt
und sofort angegriffen. Frauen, Kinder und Greise wurden von den Soldaten
gnadenlos abgeschlachtet. Nach der ersten Überraschung schlugen die roten
Krieger zurück, eroberten sogar eine Haubitze mit 2000 Schuß Munition.

Chief Joseph marschierte mit seinen ausgemergelten und total erschöpften Anhängern immer weiter nach Norden, um das ersehnte Ziel, Kanada, doch noch zu erreichen. Am 30. 9. 1877 kam es in der Nähe der Grenze zur letzten Schlacht bei den Bear Paw Mountains, die für die Indianer zwar erfolgreich ausging, aber nichts mehr am Schicksal der Nez Perces änderte. Am 5. 10. 1877 ergab sich Chief Joseph. Über 1000 Meilen waren er und seine Krieger marschiert, bis er nur noch 87 Krieger zur Verfügung hatte. Am 21. 9. 1904 starb Chief Joseph in der Reservation im Staat Washington.

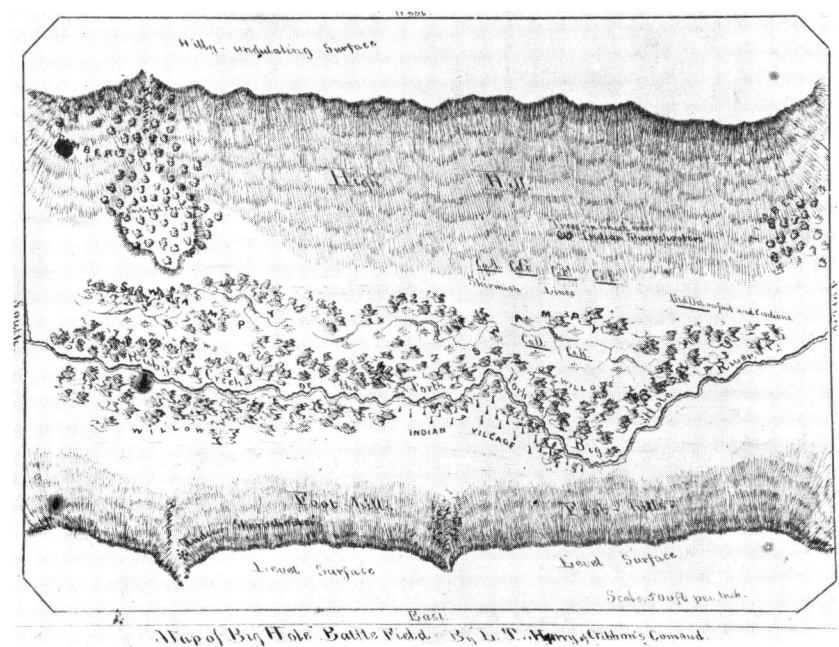

Links: Häuptling Washakie von den Shoshonen lehnte sich nie gegen die Weißen auf, sondern arrangierte sich mit ihnen. Seinem Stamm gab man daher als Reservation das Wind River Valley in Wyoming, wo die Nachfolger noch heute leben.

Nicht alle Apachen gingen 1877 in die San Carlos Reservation. Viele flohen nach Mexiko. Victorio (unten) und Nana (Mitte) von den Mimbres-Apachen führten von hier Überfälle nach New Mexico und Arizona durch.

Der Feldzug im Jahre 1883 hatte Erfolg. Die Apachen ergaben sich nach kurzem Kampf, darunter auch Häuptling Loco (rechts).

Links: Geronimo von den Chiricahuas kapitulierte erst im Juni 1883.

Mitte: Häuptling Mangas, der Sohn des berühmten Mangas Coloradas.

Rechts: Zwei Jahre dauerte die Ruhe. Am 17. 5. 1885 brachen Geronimo, Mangas, Chihuahua und Nachez, der Sohn von Cochise – hier auf dem Bild –, mit 140 Anhängern aus der Reservation aus, und es gelang ihnen, sich in New Mexiko zu verbergen.

Al Sieber

Linkes Bild: General George Crook kam 1882 zurück, um »Ruhe zu schaffen«, wie es hieß. Gleichzeitig bereitete er einen Feldzug gegen die geflohenen Apachen vor. Scouts wurden verpflichtet, darunter der bekannte Al Sieber.

Rechtes Bild: Gegen Ende November 1885 verfolgten zwei Kommandos die Apachen, darunter das von Captain Emmet Crawford. Am 10. 1. 1886 griff er das Hauptlager der Chiricahuas an und eroberte es mit allen Vorräten. Daraufhin wollten Geronimo und Nachez verhandeln, als plötzlich mexikanische Truppen eingriffen und Captain Crawford töteten. Trotzdem versprachen die Apachen, sich bald mit General Crook zu treffen.

Man beabsichtigte mit Einverständnis der mexikanischen Regierung, die Apachen bis über die Grenzen zu verfolgen und in ihren Rancherias aufzuspüren. Hier ein Apachen-Lager in Arizona.

Links: Am 25. 3. 1886 begannen die dreitägigen Gespräche mit General Crook. Man einigte sich auch auf eine Übergabe, die die Apachen mit Whiskey feierten. Geronimo und Nachez sowie 20 Männer und 19 Frauen nahmen die Gelegenheit wahr, abermals am 28. 3. zu entweichen. Auf dem Bild Captain Roberts, Geronimo, Nana, Lieutenant Maus, Captain Bourke und General Crook.

General Miles, der Nachfolger von Crook, verfolgte ununterbrochen und unerbittlich die Apachen. Über drei Monate dauerte die Jagd, während die Apachen jetzt haltlos und wie von Sinnen plünderten und mordeten. Wer ihnen in die Hände fiel, konnte keine Gnade erwarten. Die Apachen gehörten zu den grausamsten der roten Krieger. Im August 1886 gaben es Geronimo und Nachez auf. Sie vertrauten Lieutenant Charles G. Gatewood, der ihnen riet, sich endlich zu ergeben. Am 3. 9. 1886 kapitulierten Geronimo und Nachez.

Mitte: die Apachen gehen ins Exil nach Florida.

Links: Auf dem Weg nach Florida.

Zusammengepfercht in den Reservationen, wurde den Indianern ihr
trauriges Schicksal bewußt. Es nahm daher nicht wunder, daß sie ihren
Medizinmännern Vertrauen schenkten, die in flammenden Ansprachen
eine Auferstehung der Indianer voraussagten. Damit hing der Geistertanz
zusammen, der sich in Windeseile verbreitete. Besonders Wovoka, ein
Paiute-Indianer, hier auf dem Bild mit T. J. McCoy, war der Begründer
dieser neuen Lehre.

Im Herbst 1889 überzeugten sich die Cheyennen und Sioux vom Geistertanz, denn gerade diese früher so mächtigen Stämme sehnten sich nach
einem Erlöser. Im Frühjahr 1890 übernahmen dann auch die Sioux
diesen Tanz in ihrer Reservation.

Sitting Bulls Lebensgeister erwachten wieder. Er trat eifrig für die neue Religion ein. Um einen allgemeinen
Aufstand zu verhindern, umstellten 43 indianische Polizisten am Morgen des 15. 12. 1890 seine Blockhütte.
Sitting Bull blieb zunächst ruhig, widersetzte sich aber der Polizei, als seine Anhänger herbeiströmten. Er for-
derte seine Freunde auf, ihn zu befreien. Während der jetzt folgenden Schießerei wurde der große Häuptling
Sitting Bull von *Sergeant Red Tomahawk* (Mitte vorn) erschossen.

Einige Indianer flohen nach dem Tod von Sitting Bull, der auf die Indianer eine niederschmetternde Wirkung
hatte, aus der Reservation nach Westen zu Big Foot. Es war Winter, und Big Foot brach sein Lager ab, um
in die Stand Rock Reservation zu gehen. Er wurde aber gezwungen, sein Lager wieder aufzuschlagen, und
man sagte dem Häuptling, daß er und seine Indianer am folgenden Tag unter Bewachung in die Agentur
gebracht würden. Daraufhin flohen die Indianer in Richtung der Bad Lands (South Dakota). Eine Abteilung
der Seventh Cavalry unter Major S. W. Whitside wurde zur Verfolgung entsandt, der Big Foot schließlich
am 28. 12. 1890 auch fand und ihn aufforderte, am Wounded Knee Creek sein Lager aufzuschlagen. Die Soldaten ahnten nicht, daß es auf das äußerste fanatisierte Indianer waren, die sie jetzt auf den Marsch dorthin
begleiteten. Die roten Krieger glaubten, daß der Tag ihrer erneuten Macht nicht mehr fern sei. Am Wounded
Knee Creek angekommen, zählte man 120 Männer und 230 Frauen und Kinder. Colonel James W. Forsyth,
der Kommandeur der Seventh Cavalry, rückte mit Verstärkung heran, so daß 470 Soldaten mit vier Hotch-
kiss-Geschützen das Lager bewachten. An dem bitterkalten Morgen des 29. 12. 1890 entwaffnete man die Indianer. Inzwischen peitschte der Medizinmann Yellow Bird seine Glaubensgenossen auf und erklärte ihnen,
daß sie durch ihre Geisterhemden den Soldaten überlegen seien. Urplötzlich eröffneten die Indianer – ange-
heizt durch den Medizinmann – das Feuer, worauf die Hotchkiss-Geschütze sofort mit ihren mörderischen
Schüssen aufwarteten. Die Granaten – 50 Schuß pro Minute – richteten ein grauenvolles Blutbad unter den
Indianern an.

Nicht nur die Geschütze feuerten, sondern auch die Soldaten schossen jetzt ohne Gnade auf alles, was sich bewegte. Innerhalb kürzester Zeit waren 200 Indianer und 60 Soldaten getötet oder verwundet. Die Verfolgung artete in eine entsetzliche Schlächterei aus. Auch wer sich ergab, wurde niedergemetzelt. Die Zahl der getöteten Indianer ist durch die nachfolgenden Schneeverwehungen nie genau bekanntgeworden. Schätzungen schwanken zwischen 128 und 300 Indianern.

Die toten Indianer wurden in einem Massengrab beigesetzt. Christliche Missionare, die sonst so eifrig Indianer bekehrten, wohnten der Massenbeerdigung nicht bei.

Am 16. 1. 1891 ergaben sich die letzten Indianer. Aus dem Geistertanz wurde ein Spiel für Kinder. Seit der Schlacht am Wounded Knee gab es keinen Aufstand mehr. Ihr Wille, ihr Lebensmut war für immer gebrochen. Hoffnungslosigkeit überkam den roten Mann, Hunger und Krankheit überfielen ihn. Nach diesem Massaker mußten die Indianer nochmals dreifünftel ihres Landes abtreten. Was sie dann noch besaßen und heute noch besitzen, hatte für den Weißen ohnehin keinen Wert und wurde deshalb von ihm auch nicht begehrt.

Der tote Häuptling Big Foot.

Opfer des Massakers. Wahrscheinlich handelt es sich bei dem toten Indianer
um den Medizinmann Yellow Bird.

Das Schlachtfeld von Wounded Knee von Süden gesehen.

Bildnachweis

Amon Carter Museum, Forth Worth, Texas:
87, o; 88, o; 106, u; 123; 124, o; 157; 175; 176, u.

Denver Public Library, Western History Department, Denver:
41, u; 42; 43, u; 46; 47; 49; 54, o; 55; 57; 58, r; 60, o; 61, u; 64, o/m; 73; 74; 75, m/u; 76; 78, o; 79; 80, o/l.m; 82, u; 84; 90, u; 91; 92, o; 93, o; 94, o; 95, m; 96; 97, u; 97, u; 102, o; 103, r/o; 108, u; 109, r; 110, l; 110, u; 111, r/u; 111, l/u; 111, r/u; 112, o; 113; 114; 115, o; 116; 117, u; 118, m; 119, u; 120; 121; 124, o; 126; 127; 128, o; 130; 131, o; 132, o; 133, o; 134; 135; 137, o/u; 138, m; 143; 144, o; 145; 146, m/u; 148; 151; 152; 153, u; 154, u; 158, u; 160, m/u; 165, l/o; 166, o/m; 167; 173, u; 176, o; 177; 178, u; 181, o; 185, u; 189, m; 191, r; 198, m; 198, r/u; 198, r; 199, l; 200, l/u; 201, o; 203, u; 205.

U.S. Department of Transportation, Washington:
54, u; 75, o; 77; 95, o/u.

Thomas Gilcrease Institute of American History and Art, Tulsa:
88, u; 106, o.

Joslyn Art Museum, Omaha. Northern Natural Gas Company Collection:
34, u; 51, u; 52, o; 87, u.

The Library of Congress, Washington:
21, o; 22, m; 26; 36, o; 38; 60, u; 65, u; 94, u; 97, o; 160, o; 161, o; 162, u; 164, o; 168; 171; 172, u; 178, o; 183; 184, u; 185, o; 187; 192; 194; 195, o; 197, o.

Gerd Möllhausen:
33.

Montana Historical Society, Helena:
40; 41, o; 58, l; 61, o; 72, o/u; 90, o; 118, o; 118, u; 119, m; 128, r/u; 129; 130, l/u; 131, u; 155, o; 182, o; 188, o; 189, u; 196; 197, u.

The Museum of Fine Arts, Houston. The Hogg Brothers Collection:
105; 158, o.

Museum für Völkerkunde, Berlin:
34; 35, o.

National Archives and Records Service, Washington:
149, r/u; 150; 153, o; 161, u; 165, r/o; 166, u; 169, u; 170; 181, u; 182, o; 188, o; 190; 193, o; 195, u; 199, m; 200, r; 201, r/u; 204, o.

Smithsonian Institution, Washington:
36, o; 149, l/o; 162, o; 169, o; 172, o; 184, o; 186; 189, o; 191, l; 193, u; 198, l; 199, r; 201, l/m; 202; 203, o; 204, u.

Texas State Library, Austin:
46; 47; 109, l/m; 146, o.

Union Pacific Railroad Company, Omaha:
98, m; 101; 102, u.

The Walters Art Gallery, Baltimore:
63; 64, u; 66; 67, u; 154, o; 173, o; 180.

Wells Fargo Bank, History Room, San Francisco:
2; 78, u; 80, m/r; 81; 82, u; 83; 92, u; 150, r/o.

Archief G. Schomaekers:
11, u/l; 18; 22, o/u; 25; 28; 30; 31, o; 31, u/r; 36, u; 67, o; 72, m; 108, u; 112, m/u; 115, u; 117, o; 119, u; 128, u/l; 132, u; 133, u; 136; 137, m; 143, u/r; 144, u; 150, r/u; 152; 155, u; 160, u; 165, u; 179.

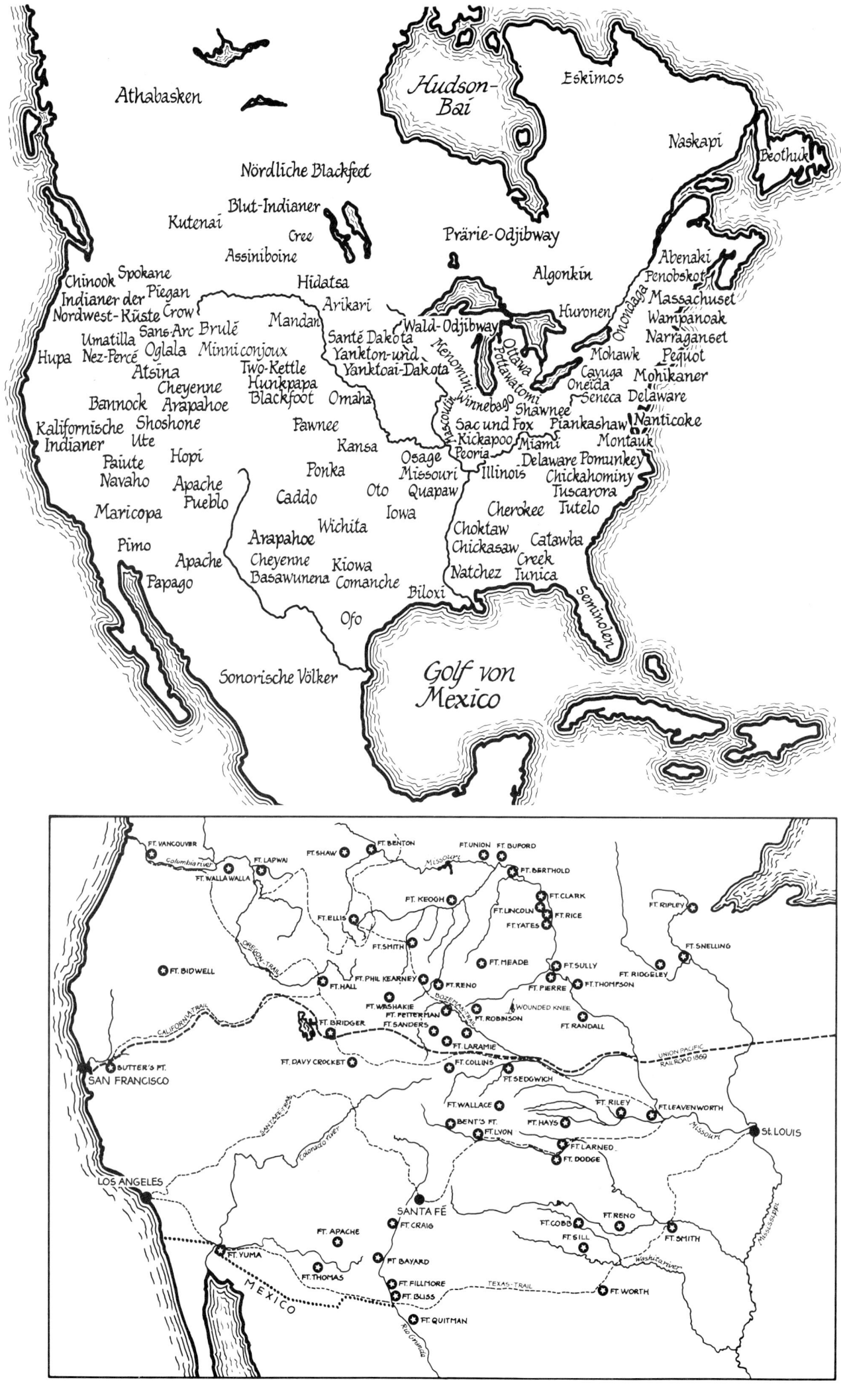

Obere Karte (Stämme):

Athabasken

Hudson-Bai

Eskimos

Naskapi

Beothuk

Nördliche Blackfeet

Blut-Indianer

Kutenai

Cree

Assiniboine

Prärie-Odjibway

Algonkin

Abenaki

Penobskot

Chinook Spokane

Indianer der Piegan

Nordwest-Küste Crow

Hidatsa

Arikari

Huronen

Onondaga

Massachuset

Wampanoak

Umatilla Sans-Arc Brulé

Mandan

Wald-Odjibway

Narraganset

Hupa Nez-Percé Oglala Minniconjoux

Santé Dakota

Yankton-und

Menomini

Ottawa

Mohawk

Pequot

Atsina Minniconjoux

Two-Kettle

Yanktoai-Dakota

Pottawatomi

Cayuga

Mohikaner

Cheyenne Hunkpapa

Winnebago

Oneida

Bannock Arapahoe Blackfoot

Omaha

Shawnee

Seneca Delaware

Kalifornische Shoshone

Pawnee

Sac und Fox Piankashaw

Nanticoke

Indianer Ute

Kansa

Kickapoo Miami

Montauk

Paiute Hopi

Osage Peoria

Delaware Pomunkey

Navaho

Ponka

Missouri Illinois

Chickahominy

Apache Pueblo

Caddo

Oto Quapaw

Tuscarora

Maricopa

Wichita

Iowa

Cherokee

Tutelo

Arapahoe

Catawba

Pimo

Cheyenne Kiowa

Choktaw

Apache

Basawunena Comanche

Chickasaw

Creek

Papago

Biloxi

Natchez Tunica

Ofo

Seminolen

Sonorische Völker

Golf von Mexico

Untere Karte (Forts):

FT. VANCOUVER

Columbia river

FT. LAPWAI

FT. SHAW

FT. BENTON

Missouri

FT. UNION

FT. BUFORD

FT. WALLA WALLA

FT. BERTHOLD

FT. KEOGH

FT. CLARK

FT. RIPLEY

FT. ELLIS

FT. LINCOLN

FT. RICE

OREGON-TRAIL

FT. SMITH

FT. YATES

FT. SNELLING

FT. BIDWELL

FT. MEADE

FT. SULLY

FT. RIDGELEY

CALIFORNIA TRAIL

FT. PHIL KEARNEY

FT. RENO

FT. PIERRE

FT. THOMPSON

FT. HALL

BOZEMAN TRAIL

FT. WASHAKIE

WOUNDED KNEE

FT. FETTERMAN

FT. ROBINSON

FT. BRIDGER

FT. SANDERS

FT. RANDALL

FT. LARAMIE

UNION PACIFIC RAILROAD 1869

SUTTER'S FT.

FT. DAVY CROCKET

FT. COLLINS

SAN FRANCISCO

FT. SEDGWICH

SANTA FÉ TRAIL

FT. WALLACE

FT. RILEY

FT. LEAVENWORTH

BENT'S FT.

FT. HAYS

Colorado river

FT. LYON

FT. LARNED

Missouri

St. LOUIS

FT. DODGE

LOS ANGELES

SANTA FÉ

FT. CRAIG

FT. COBB

FT. RENO

FT. APACHE

FT. SILL

FT. SMITH

FT. YUMA

FT. BAYARD

Washita river

FT. THOMAS

FT. FILLMORE

TEXAS-TRAIL

FT. WORTH

FT. BLISS

MEXICO

Rio Grande

FT. QUITMAN

Mississippi